Thorsten Hagenloch

Die Seminar- und Bachelorarbeit im Studium der Wirtschaftswissenschaften

Ein kompakter Ratgeber

Thorsten Hagenloch

Die Seminar- und Bachelorarbeit im Studium der Wirtschaftswissenschaften

Ein kompakter Ratgeber

Die Deutsche Bibliothek – CIP-Einheitsaufnahme

Ein Titelsatz für diese Publikation ist bei der Deutschen Bibliothek erhältlich.

Herstellung und Verlag: Books on Demand GmbH, Norderstedt
ISBN 978-3-8391-8316-8

Vorwort

Die vorliegende Schrift ist die überarbeitete und erweiterte Fassung eines Manuskripts aus meinem Einführungsseminar „Wissenschaftliches Arbeiten" an der Hochschule Merseburg (FH). Auch in der nun vorliegenden Buchform dominiert weiterhin der ursprüngliche Gedanke, eine erste Orientierung und Einstiegshilfe bei der Anfertigung wissenschaftlicher Arbeiten zu geben. Die hier geführte Auseinandersetzung mit Grundproblemen bei der Erstellung wissenschaftlicher Arbeiten wird geleitet durch die Erfahrungen aus meiner langjährigen Betreuung von Studierenden. Danach bestehen häufig vergleichbare Unsicherheiten und wiederkehrende Zweifelsfragen und mitunter sind es dieselben Fehler, die regelmäßig begangen werden. Angesichts dieser erkennbar ähnlichen Problemlage bei der Erstellung schriftlicher Arbeiten versteht sich die vorliegende Schrift als Leitfaden bzw. Ratgeber, der mit kompakten Darstellungen und praktischen Hinweisen eine bedarfsorientierte Hilfestellung anbieten will. Zur Einhaltung dieser Zielsetzung wird auf die Verfassung durchgängiger Zwischentexte und Ausführungen zu stilistischen Raffinessen verzichtet. Die auf den nachfolgenden Seiten festgehaltenen Regeln, Hinweise und Empfehlungen erfolgen vielmehr häufig stichwortartig; sie decken Grundanforderungen ab und möchten den Leser unkompliziert und ohne Abschweifung in zentrale Arbeitstechniken des wissenschaftlichen Arbeitens einführen.

Als Formen wissenschaftlicher Arbeiten liegen diesem Buch die *Seminararbeit* und die *Bachelorarbeit* zugrunde. Beide fallen im Rahmen eines wirtschaftswissenschaftlichen Bachelorstudiums an deutschen (Fach-)Hochschulen üblicherweise an. Sie werden wie andere Prüfungsleistungen bewertet und fließen als Notenbestandteil in das Abschlusszeugnis ein.

Bereits die Beschäftigung mit Regeln wissenschaftlichen Arbeitens kann Unsicherheiten bei Studierenden erheblich reduzieren, die insbesondere bei Erstlingswerken hinsichtlich Formvorschriften, Zitierweisen, Aufbau und Strukturierung sowie äußerer Gestaltung der Arbeit bestehen. Eine erfolgreiche wissenschaftliche Arbeit setzt selbstverständlich noch mehr voraus als mit Regelwerken beschrieben werden kann. Hierzu gehören insbesondere die Optimierung der eigenen Lese- und Lerntechnik, eine realistische Zeitplanung und eine disziplinierte Arbeitsweise. Die Beachtung der Regeln wissenschaftlichen Arbeitens ist aber eine wesentliche Bedingung für die Vermeidung inhaltlicher und formaler Mängel bei der Erstellung der eigenen Arbeit.

Dieser Ratgeber möchte den Einstieg in das wissenschaftliche Arbeiten erleichtern und Unsicherheiten reduzieren. Aus diesem Grund wird von den zahlreichen Varianten der formalen Gestaltung einer wissenschaftlichen Arbeit jeweils (nur) eine aus Sicht des Autors zweckmäßige Auswahl vorgestellt. Hinsichtlich alternativer Gestaltungsmöglichkeiten, aber auch für das Einholen weiterer Sichtweisen zu den hier behandelten Punkten, wird das Studium zusätzlicher Literatur empfohlen. Eine Auswahl hierzu findet der Leser im Literaturverzeichnis.

Unabhängig von den hier angeführten Regeln, Hinweisen und Empfehlungen sind verbindliche Vorgaben der Hochschule bzw. des Fachbereiches und dozentenspezifische Gewohnheiten zu beachten. Kurz gesagt: dieser Leitfaden erreicht zwar eine gewisse allgemeine Gültigkeit, ist aber nicht unbedingt maßgeblich für andere Prüfer; die jeweiligen Anforderungen sind daher immer individuell mit dem jeweiligen Betreuer abzustimmen!

In dieser Publikation wird die männliche Ausdrucksweise als Kurzform für beide Geschlechter verwendet. Der Grund hierfür liegt allein in der Vereinfachung der Schreibweise und besseren Lesbarkeit.

In der Hoffnung mit dieser Schrift einen praktischen und nützlichen Ratgeber anzubieten, wünsche ich meinen Lesern viel Erfolg bei der Anfertigung ihrer wissenschaftlichen Arbeit.

Bei den Verantwortlichen des Kompetenzzentrums für Unternehmensentwicklung und -beratung (KUBE e.V.) bedanke ich mich für die Aufnahme dieses Büchleins in ihrer Schriftenreihe. Zudem gilt mein Dank dem Verlag für die wiederum unproblematische Zusammenarbeit.

Für Fehler jeglicher Art, die trotz intensiver Korrekturarbeit verblieben sind, zeichne ich allein verantwortlich.

Juni 2010   Thorsten Hagenloch

Inhaltsverzeichnis

Darstellungsverzeichnis

1 Einleitung

Studenten werden im Verlauf ihres Studiums im Allgemeinen mit mehreren wissenschaftlichen Arbeiten konfrontiert, an die allerdings ein unterschiedlich hohes „wissenschaftliches" Anspruchsniveau gestellt wird. Es werden i.d.R. folgende Arbeitsformen unterschieden:

Praktikumsarbeit: Die erste zu erstellende Arbeit ist vielfach ein Tätigkeitsbericht über das absolvierte (Pflicht-)Praktikum. Diese schriftliche Ausarbeitung der Praktikumstätigkeit, die ggf. kritisch an den bereits im Studium behandelten Modellen zu reflektieren ist, wird i.d.R. als Praktikumsarbeit bezeichnet. Sie stellt meist eine Mischform aus wissenschaftlicher Arbeit und rein praxisbezogener Dokumentation dar.

Seminararbeit: Die Seminararbeit wird in aller Regel studienbegleitend und bisweilen als (Teil-)Prüfungsleistung eines Studienschwerpunktfaches angefertigt. Sie stellt den Einstieg in das wissenschaftliche Arbeiten dar und gibt die Möglichkeit, deren Technik und Anforderungen anhand der Bearbeitung eines eng gefassten Themengebietes zu erproben.

Bachelorarbeit: Die Bachelorarbeit ist eine Arbeit, die für den Abschluss des Studiums verfasst wird. Sie dient letztlich dem Nachweis darüber, dass der Prüfling in der Lage ist, eine vorgegebene Themen- bzw. Problemstellung eigenständig zu bearbeiten.

An Praktikumsarbeiten werden gewöhnlich relativ geringe schreibtechnische und/oder formale Anforderungen gestellt. Die in diesem Ratgeber ausgeführten Regeln, Hinweise und Empfehlungen beziehen sich daher auf die i.R. eines betriebswirtschaftlichen Bachelorstudiums an (Fach-)Hochschulen üblicherweise anfallende *Seminar-* und *Bachelorarbeit*.

Zwischen Seminar- und Bachelorarbeiten bestehen prüfungstechnische sowie weitere Unterschiede, die sich vor allem auf Seitenumfang, Bearbeitungszeit und das erwartete Anspruchsniveau der Arbeit beziehen. Dennoch wird in diesem Ratgeber nicht (ständig) zwischen der jeweiligen Arbeitsform differenziert. Beiden Arbeitsformen sind die Einhaltung grundlegender Kriterien gemeinsam, auch wenn die Strenge der Regeln wissenschaftlichen Arbeitens bzw. das erwartete Maß der „Wissenschaftlichkeit" von der Seminar- zur Bachelorarbeit zunimmt. Auf Vorschriften, die nur

Anwendung für Bachelorarbeiten haben, wird in den Ausführungen an entsprechender Stelle hingewiesen.

Folgende grundlegende Kriterien des wissenschaftlichen Arbeitens beziehen sich auf die **inhaltliche** und **formale Gestaltung** der Arbeit.[1] Grundsätzlich soll der Verfasser zeigen, dass er in der Lage ist, wissenschaftliche Methoden und Techniken bei der Bearbeitung der zugrunde liegenden Fragestellung anzuwenden. Folgende Aufzählung nennt einige wesentliche Kriterien, anhand derer die „Wissenschaftlichkeit" der (eigenen) Arbeit überprüft werden kann:[2]

- Strukturierte Erfassung und Bearbeitung eines klar erkennbaren Problembereichs (Thema); Vollständigkeit der Themenbehandlung; Problemeingrenzungen sind deutlich und plausibel zu begründen.
- Problemadäquate Literaturauswahl und –auswertung.
- Intersubjektive Nachvollziehbarkeit der Arbeit durch Dokumentation der verwendeten Quellen (Kenntlichmachung von Zitaten, Literaturverzeichnis).
- Einhaltung von Formvorschriften (Verzeichnisse, schreibtechnische Anforderungen etc.) und Zitierrichtlinien.
- Inhaltliche Richtigkeit und Eindeutigkeit („Argumentationsklarheit"; nachvollziehbare Gedankengänge, verständliche Formulierungen, sachlicher und präziser Schreibstil; Fachsprachennutzung).
- Begriffsklarheit: Definition und Abgrenzung der problembezogenen Begriffe und einheitliche Benutzung in der definierten Form.

Was denn nun konkret eine Arbeit zu einer wissenschaftlichen Arbeit macht, lässt sich mit den genannten Kriterien aber nicht bindend klären. Hierzu müsste eine allgemein anerkannte und einheitlich verwendete Definition von Wissenschaftlichkeit vorliegen, was aber tatsächlich nicht der Fall ist.

Die vorstehende Aufzählung ist in diesem Sinn nicht abschließend; sie spiegelt einen in der Literatur diskutierten Grundkonsens wider, obliegt aber im Detail der Präferenz des jeweils betreuenden Dozenten.

---

[1] Aspekte der Planung und Organisation der Arbeit (z.B. Themenwahl, Zeitplanung , Materialbeschaffung und -auswertung) werden hier nicht behandelt. Vgl. hierzu z.B. Peterßen 1999; Stickel-Wolf/Wolf 2009; Esselborn-Krumbiegel 2008.
[2] Vgl. Schenk 2005, S. 28; vgl. Karmasin/Ribing 2009, S. 15.

Zum Umgang mit dem Ratgeber

Die in diesem Ratgeber unterbreiteten Hinweise und Vorschläge müssen nicht unbedingt übereinstimmen mit den Erwartungen des jeweiligen Prüfers und sind somit nicht als generell geltende Richtlinien zu interpretieren.

Bei unterschiedlichen Auffassungen in der Literatur bzw. alternativen Darstellungsmöglichkeiten (Zitiertechnik, Gliederungsordnung etc.) wurde für den vorliegenden Leitfaden jeweils ein - aus persönlicher Sicht - zweckmäßiger Lösungsansatz gewählt.

Der Aufbau und die Form der wissenschaftlichen Arbeit (Erscheinungsbild; äußere Gestaltung) sind angepasst an die Grundanforderungen des *Fachbereichs Wirtschaftswissenschaften der Hochschule Merseburg (FH)*.

Es wird empfohlen, vor der Erstellung von Seminar- bzw. Bachelorarbeiten die individuellen Anforderungen und im Einzelfall geltenden Regeln zu erkunden und sich im Zweifelsfall an *diese* zu halten.

Dies gilt auch bzw. gerade dann, wenn die Vorstellungen des betreuenden Dozenten bzw. Lehrstuhls von den hier präsentierten Anregungen (stark) abweichen.

Die jeweils empfohlenen Regeln werden in dieser Schrift nicht streng umgesetzt. Dies liegt daran, dass dieses Buch ein Sachbuch ist und kein wissenschaftlicher Text in oben definiertem Sinn.

2   Erscheinungsbild der Arbeit

Die Qualität einer wissenschaftlichen Arbeit wird in erster Linie durch ihren Inhalt bestimmt. Letztlich wird aber das Erscheinungsbild der Arbeit (äußere Form) als Ausdruck der insgesamt angewendeten Sorgfalt betrachtet. Damit wirkt die äußere Form der Arbeit entweder direkt über einen Kriterienkatalog (z.B. Präsentation der Arbeit; Werk-, Seiten- und Schriftgestaltung) oder indirekt - durch eine implizite Beeinflussung des Gutachters - auf die Notengebung ein (Kap. 7).

Das optische Erscheinungsbild einer wissenschaftlichen Arbeit wird entscheidend durch die **Seitengestaltung** (Layout) und die **Schriftgestaltung** (Schriftbild) geprägt. Die Seitengestaltung bezieht sich auf die Anordnung des geschriebenen Textes auf dem Blatt, die Schriftgestaltung umfasst die Wahl der Schriftart und -größe sowie den Einsatz von Schriftschnitten bzw. Hervorhebungen (z.B. Fett-oder Kursivdruck).[3]

Für die Seiten- und Schriftgestaltung einer wissenschaftlichen Arbeit wird die Einhaltung nachfolgender Formvorschläge empfohlen.[4]

Aufgrund der regelmäßig wiederkehrenden Frage von Studierenden zur allgemeinen *Werksgestaltung* (Einband; Beschriftung; Umfang) sowie *Abgabe* der Arbeit (Anzahl Exemplare; Abgabeort) werden diesbezügliche Hinweise vorangestellt.

2.1   Werksgestaltung und Abgabe der Arbeit

- **Text-Umfang (Richtwert***)*
    - Seminararbeiten: 20 Seiten
    - Bachelorarbeiten: 40 Seiten

- **Einband**
    - Seminararbeiten: Klemm- oder Schnellhefter (Blätter **nicht** in Prospekthüllen!)
    - Bachelorarbeiten: gebunden; fester Einband

---

[3] Vgl. ausführlich Sesink 2010, S. 269 ff.
[4] Je nach Hochschule und Dozent können hiervon abweichende Regelungen gelten!

- **Beschriftung**
  - einseitig auf DIN A4-Blatt (weiß); auch Umweltschutzpapier

- **Exemplare (Anzahl)**
  - Seminararbeiten: 1 Exemplar; Abgabe im Fachbereichssekretariat
  - Bachelorarbeiten: 2 Exemplare; Abgabe im Prüfungsamt

2.2   Seitengestaltung (Layout)

- **Satzspiegel:** Bezeichnung für die bedruckte Fläche des Papiers; der Satzspiegel wird eingegrenzt durch die Randeinstellungen. Es werden folgende Randbreiten empfohlen:

  - Oben: ca. 2,5 cm
  - Unten: ca. 2,0 cm
  - Rechts: ca. 2,0 - 2,5 cm
  - Links: ca. 2,5 - 3,5 cm

- **Zeilenabstand:** Für den Textteil gilt ein Zeilenabstand von 1,5. Bei den Fußnoten (Kap. 4.2) und im Literaturverzeichnis (Kap. 3.2.6) ist ein einzeiliger Abstand zu setzen.

- **Absätze:** Jeder Text ist durch Absätze zweckmäßig zu gliedern. Absätze zeigen einen zusammengehörenden Gedanken an und gewähren eine kleine Lesepause. Dadurch erleichtern sie die Lesbarkeit des Textes und wirken positiv auf das Konzentrationsvermögen des Lesers. Allerdings sollten Absätze aus mehr als einem Satz bestehen, da sonst der Text zergliedert wird. Absätze werden durch einen *doppelten Zeilenabstand* kenntlich gemacht.

- **Textausrichtung:** Bei der Ausrichtung des Textes wird der Blocksatz empfohlen (Textsetzung mit rechtem und linkem Randausgleich). Der Blocksatz ist durch seine einheitliche Ausrichtung der Zeilen optisch ansprechender als ein linksbündiger Flattersatz. Unschöne Wortzwischenräume („Textlücken"), die bei Verwendung des Blocksatzes entstehen können, sind durch eine geeignete Silbentrennung zu vermeiden.

- **Überschriften:** Mehrzeilige Überschriften sind zu vermeiden. Überschriften dürfen nicht isoliert am Seitenende stehen, ggf. ist eine Verlagerung auf die nächste Seite (zum dazugehörigen Textabschnitt) durch Eingabe eines manuellen Seitenumbruchs vorzunehmen. Überschriften der ersten Gliederungsebene (z.B. 1, 2, …) beginnen stets auf einer neuen Seite. Für Absatzabstände *vor* und *nach* Überschriften gilt: Der Abstand zwischen Überschrift und dem vorangegangenen Text muss größer sein als der Abstand zwischen Überschrift und dem nachfolgenden Text. Überschriften werden durch eine größere Schrift oder durch Fettdruck vom Fließtext abgesetzt (siehe unten Schriftgestaltung). Eine Kombination beider Gestaltungsmittel ist ebenfalls üblich, die gewählte Formatierung ist aber innerhalb der Arbeit beizubehalten und einheitlich zu verwenden. Überschriften dürfen nicht als Frage verfasst sein und keinerlei Satzzeichen enthalten. Hinsichtlich der sprachlichen Ausarbeitung einer Überschrift gilt, dass sie klar und präzise zu formulieren ist.

Die Praxis zeigt häufig ein anderes Bild, das *Krämer* wie folgt zusammenfasst:

Überschriften „ … sollten kurz und knackig, prägnant und trotzdem gehaltvoll sein. Oft sind sie aber kryptisch, gewunden, nebulös, oder ganz einfach viel zu lang".[5]

Eine Überschrift soll den zu behandelnden Inhalt mit zentralen Begriffen oder Aussagen ansprechen. Ganze Sätze als Überschrift sind dafür allerdings ungeeignet, ebenso die Verwendung von Verben (üblich ist die substantivische Schreibart). Es ist zudem unbedingt auf wörtliche Übereinstimmung von Überschriften im Text und im Inhaltsverzeichnis (Gliederung) zu achten (Kap. 3.2.1).

- **Paginierung:** Unter Paginierung wird die Kennzeichnung einer Seite mit einer Seitenzahl (Seitennummerierung) verstanden. Die Seiten der Arbeit werden fortlaufend nummeriert. Es wird eine gemischte Paginierung empfohlen, bei der grundsätzlich bis zum Textbeginn *römische* Ziffern und ab dem Textteil *arabische* Ziffern ausgewiesen werden.[6] Die Seitenzahlen können am oberen, äußeren Seitenrand oder über der Textmitte angeordnet werden - nur Zahlenangaben wie z.B. 2 oder - 2 - bzw. II oder - II -, *keine* Angabe „Seite" oder „S.". Bei der Paginierung sind folgende Besonderheiten zu beachten:

---

[5] Krämer 2009, S. 63.

[6] Zu den Bestandteilen der Arbeit und deren Reihenfolge vgl. Kapitel 3. Die gemischte Paginierung vereinfacht die (Selbst-)Kontrolle bei vorgegebenen Begrenzungen der Textseiten von Seminar- bzw. Bachelorarbeiten.

- Die römische Seiten*zählung* beginnt mit dem Titelblatt, das aber selbst keine Seitenangabe trägt. Bei Bachelorarbeiten kann ein Sperrvermerk erforderlich sein (Kap. 3.3.1). Dieser folgt unmittelbar nach dem Titelblatt und wird ebenfalls nicht nummeriert. Die *erste* paginierte Seite vor dem Textbeginn (i.d.R. das Inhaltsverzeichnis) enthält als Seitenangabe die römische Ziffer „II" bzw. im Fall einer Arbeit mit Sperrvermerk die Ziffer „III".
- Die Paginierung mit arabischen Ziffern beginnt mit der ersten Textseite und wird auch nach dem Textteil (im Anhang und Inhaltsverzeichnis) fortgeführt. Die eidesstattliche Erklärung (Kap. 3.3.2) erhält *keine* Seitenzahl.

2.3 Schriftgestaltung (Schriftbild)

- **Schriftart/-typ:** Ein leicht lesbares Schriftbild wird durch Proportionalschriften erreicht, die für unterschiedliche Buchstaben nur die tatsächlich benötigte Breite in Anspruch nehmen (ein „m" nimmt also mehr Raum ein als ein „i"). Weit verbreitete Vertreter proportionaler Schriften sind *Times New Roman* und *Arial*. Für längere wissenschaftliche Arbeiten eignet sich insbesondere die Schrift Times New Roman, da bei ihr kleine Abschlussstriche (Serifen) an den Buchstaben angebracht sind, die als lesefreundlich gelten. Alternativ kann auch die serifenlose (Grotesk-)Schrift Arial verwendet werden. Von der Verwendung anderer Schriftarten wird abgeraten. Die gewählte Schriftart ist in der gesamten Arbeit durchgängig zu verwenden.

- **Schriftgröße:**

  - Times New Roman: 12-Punkt (12pt)
  - Arial: 11-Punkt (11pt)

  Die gesetzte Schriftgröße ist im Text beizubehalten. Überschriften werden zwei Punkte größer, Fußnoten und Darstellungsbezeichnungen ein Punkt kleiner gesetzt.

- **Hervorhebungen:** In einem wissenschaftlichen Text können einzelne Aussagen und wichtige Ausdrücke durch **Fettdruck** oder *Kursivdruck* hervorgehoben werden. Grundsätzlich ist aber ein sparsamer Umgang mit Hervorhebungen zu empfehlen, da deren Signal-Wirkung sehr schnell durch eine zu häufige bzw. zu umfangreiche Verwendung aufgehoben wird. Hervorhebungen von längeren Textpassagen sind daher ebenfalls zu vermeiden. Überschriften werden gewöhnlich mit Fettdruck gesetzt. Weitere Hervorhebungen wie S p e r r u n g e n , Unterstreichungen, KAPITÄLCHEN, VERSALIEN und Umrahmungen sind in einer Seminar- bzw. Bachelorarbeit zu unterlassen (zum Umgang mit Hervorhebungen bei wörtlichen Zitaten siehe Kap. 4.1.1).

3 Bestandteile der wissenschaftlichen Arbeit

Jede wissenschaftliche Arbeit enthält bestimmte Grundbestandteile, die – abgesehen von einzelnen Nuancen – hochschulübergreifend als Standard etabliert sind. Eine schriftliche wissenschaftliche Arbeit besteht aus folgenden Elementen; sie sind hier in der Reihenfolge ihres Erscheinens aufgelistet:[7]

- Titelblatt
- *ggf. Sperrvermerk (nur bei Bachelorarbeiten)*
- Inhaltsverzeichnis
- Darstellungsverzeichnis
  (ggf. getrennt in Abbildungs- und Tabellenverzeichnis)
- Abkürzungsverzeichnis
- *ggf. Symbolverzeichnis*
- **Textteil**
- *ggf. Anhang und Anhangverzeichnis*
- Literaturverzeichnis
- Eidesstattliche Erklärung

Ein *Vorwort* (persönliche Stellungnahme des Autors zur verfassten Arbeit; Danksagungen z.B. für Unterstützungs- bzw. Betreuungsleistungen) ist in Seminar- und Bachelorarbeiten unüblich und soll daher nicht verwendet werden. Auch andere Vortexte, wie etwa ein Motto, ein Sprichwort oder eine Widmung gehören *nicht* in eine Seminar- bzw. Bachelorarbeit.[8] Ein *Stichwortverzeichnis* ist für wissenschaftliche Qualifikationsarbeiten ebenfalls nicht üblich (und auch nicht erforderlich), da davon auszugehen ist, dass diese von den Gutachtern vollständig gelesen werden.

Nachfolgend werden die Bestandteile des Titelblatts besprochen und ein – nach Seminar- und Bachelorarbeit getrennter – Vorschlag für dessen Gestaltung unterbreitet (Kap. 3.1). Anschließend werden die Verzeichnisse in der Reihenfolge ihres Erscheinens in der Arbeit behandelt (Kap. 3.2). Der Sperrvermerk (*vor* dem Textteil) und die Eidesstattliche Erklärung (*nach* dem Textteil) werden unter der Überschrift „Versicherungen" zusammengefasst (Kap. 3.3). Grundsätzliche Hinweise zum Textteil

---

[7] Vgl. Ebster/Stalzer 2008, S. 71; Bänsch/Alewell 2009, S. 80; Scheld 2008, S. 8.
[8] Vortexte werden erst in umfangreicheren wissenschaftlichen Arbeiten wie Dissertationen oder Habilitationen verwendet.

werden explizit anhand der formalen Merkmale „Zitierweise und Fußnotengestaltung" (Kap. 4) sowie „Inhaltliche Gestaltung und Aufbau der Arbeit" (Kap. 5) gegeben. Implizit wirkt der Textteil der Arbeit (auch auf die Gutachter!) durch seine Sprache und seinen Stil. Grundregeln hierzu werden unter der Überschrift „Sprache und Stil wissenschaftlicher Arbeiten" (Kap. 5) besprochen.

3.1 Titelblatt

Die Titelseite ist die erste Seite in der Seminar- und Bachelorarbeit. Sie wird bei der römischen Seitenzählung mitgezählt, erhält jedoch selbst *keine* Seitenzahl. Für den Inhalt des Titelblatts existieren keine einheitlichen Formvorschriften, es sollte aber für eine prüfungstechnisch richtige Behandlung (Dokumentation im Prüfungsamt bzw. Sekretariat; Zuordnung zum Prüfer etc.) mindestens folgende Angaben enthalten[9]:

- Universität/Fachhochschule;
- Fakultät/Fachbereich;
- Art (Seminar-, Bachelorarbeit) und Thema der Arbeit;
- Namensangabe(n) des oder der Betreuer(s) bzw. Gutachter(s);
- Name und Anschrift des Verfassers (ggf. mit Telefon und E-Mail);
- Abgabetermin der Arbeit;
- Matrikel-Nummer (ggf. Kennnummer);
- Bei Bachelorarbeiten zusätzlich: angestrebter akademischer Grad.

Bei der Gestaltung des Titelblatts gibt es i.d.R. Freiheitsgrade, zum Teil existieren aber auch hochschul- bzw. fachbereichsspezifische Vorlagen. Darstellung 1 und 2 zeigen Gestaltungsvorschläge für das Titelblatt einer Seminar- bzw. Bachelorarbeit. Die Schrift- und Seitengestaltung wurde in den folgenden Beispielen nicht explizit berücksichtigt. Bei der Erstellung des Titelblatts ist auf Übersichtlichkeit zu achten. Der Titel der Arbeit sollte ggü. den anderen Textbestandteilen dominieren; d.h. durch einen größeren Schriftgrad und Fettdruck hervorgehoben werden. Der vereinbarte Titel der Arbeit darf vom Verfasser nicht eigenmächtig geändert werden. Sollte in begründeten Einzelfällen eine Änderung erforderlich sein, ist diese mit dem Betreuer der Arbeit abzustimmen und dem Prüfungsamt bzw. Prüfungsausschuss zur Genehmigung vorzulegen. Sofern Arbeiten in und für Unternehmen erstellt wurden, *kann* dies durch Nennung des Unternehmens (ggf. Aufdruck des Firmenlogos neben dem Logo der Hochschule) und Name des Praxisbetreuers hervorgehoben werden.

---

[9] Vgl. hierzu z.B. Scheld 2008, S. 8 f.; Theisen 2008, S. 179 f.

Hochschule Merseburg (FH)
University of Applied Sciences

(ggf. Logo)

Fachbereich Wirtschaftswissenschaften
Fachgebiet Unternehmensrechnung und Controlling

Seminararbeit zum Thema:

Informationsbeschaffung als Entscheidungsproblem

vorgelegt bei

Prof. Dr. Otto Weise

eingereicht von:

Hans Muster
Musterweg 5
06217 Merseburg
Tel.: 03461/11111
E-Mail: hans.muster@beispiel.de

Matrikel: BBW04
Kennnummer: 11111

Abgabetermin: 09.09.09

Darst. 1: Titelblatt einer Seminararbeit (Muster)

Hochschule Merseburg (FH)
University of Applied Sciences

(ggf. Logo)

Fachbereich Wirtschaftswissenschaften
Fachgebiet Finanzmanagement

Bachelorarbeit
zur Erlangung des Grades Bachelor of Arts (B. A.)

Einsatz und Grenzen von Discounted Cash Flow –Verfahren
in mittelständischen Unternehmen

vorgelegt bei

Prof. Dr. Albert Milde

Zweitprüfer: Prof. Dr. Theodor Zweit

eingereicht von:

Barbara Muster
Musterweg 7
06217 Merseburg
Tel.: 03461/22222
E-Mail: barbara.muster@beispiel.de

Matrikel: BBW06
Kennnummer: 22222
Abgabetermin: 09.09.09

Darst. 2: Titelblatt einer Bachelorarbeit (Muster)

3.2   Elemente und Arten von Verzeichnissen

3.2.1   Inhalt und Gliederung

Das Inhaltsverzeichnis ist ein wesentlicher Bestandteil der wissenschaftlichen Arbeit. Es erfasst alle Bestandteile der wissenschaftlichen Arbeit, gibt die Textstruktur in Form von Kapiteln und Unterkapiteln (Gliederung) wieder und liefert dem Leser einen ersten und schnellen Überblick über die kommenden Ausführungen.

Im Einzelnen informiert das Inhaltsverzeichnis über
- Verzeichnisse vor dem Text,
- Ausführungen zum Text (Gliederung) sowie
- Verzeichnisse nach dem Text
und an welcher Stelle diese in der Arbeit zu finden sind.

Darstellung 3 zeigt den groben Aufbau eines Inhaltsverzeichnisses.[10]

Bestandteil/Reihenfolge	Seitennummerierung	
Inhaltsverzeichnis	[römische Ziffer]	
Darstellungsverzeichnis	[römische Ziffer]	Verzeichnisse
Abkürzungsverzeichnis	[römische Ziffer]	*vor* dem Text
Symbolverzeichnis	[römische Ziffer]	
Ausführungen zum Text; unterteilt nach Kapiteln/Unterkapiteln	[arabische Ziffern]	**Gliederung**
Anhangverzeichnis	[arabische Ziffer]	
Anhang	[arabische Ziffer]	Verzeichnisse
Literaturverzeichnis	[arabische Ziffer]	*nach* dem Text

Darst. 3: Grobstruktur eines Inhaltsverzeichnisses

---

[10] Es sind stets die tatsächlich in der Arbeit vorhandenen Verzeichnisse aufzuführen. Das heißt im Unterschied zum abgebildeten Muster kann im Einzelfall z.B. anstelle des Darstellungs- ein Abbildungs- und Tabellenverzeichnis oder eben kein Symbol- bzw. Anhangverzeichnis erforderlich sein.

Die Erstellung des Inhaltsverzeichnisses erfordert eine besondere Sorgfalt:

In **formaler** Hinsicht ist das Inhaltverzeichnis eine *„Serviceleistung für den Leser"*[11]. Es soll ein leichtes Auffinden aller Arbeitsbestandteile bzw. Abschnitte und ein einfaches Lesen ermöglichen. Hieraus ergeben sich Anforderungen, die sich vor allem auf die Vollständigkeit des Inhaltsverzeichnisses, die optische Anordnung und die Gliederungs*ordnung* beziehen.

In **sachlogischer** Hinsicht soll das Inhaltsverzeichnis dem Leser einen Einblick in die Argumentationsfolge der Arbeit ermöglichen. Nach diesem Verständnis ist das Inhaltsverzeichnis das Ergebnis sämtlicher vorgelagerter Systematisierungsansätze. Es ist das endgültige Abbild der Herangehensweise und Argumentationsschritte des Autors, das sich in der **Gliederung** der Arbeit manifestiert. Die *Gliederung des Textteils* bildet den inneren Kern des Inhaltsverzeichnisses. Sie gibt Aufschluss über die logische Verarbeitung des Themas, d.h. sie zeigt wie der Autor das Thema verstanden, bearbeitet und umgesetzt hat.[12]

Nachfolgende Empfehlungen betreffen (1) allgemeine Gestaltungshinweise für das Inhaltsverzeichnis, (2) formale Aspekte bei der Gliederungserstellung sowie einige grundsätzliche Anhaltspunkte (3) für die Gestaltung der Gliederung. Während die ersten beiden Aufzählungspunkte insbesondere formale Aspekte behandeln, beschäftigt sich der letzte Punkt mit Merkmalen von Gliederungen, die eine aussagekräftige, in sich geschlossene und logisch korrekte Gliederung unterstützen – wenngleich auch hier formale Kriterien zu beachten sind.[13]

(1) Allgemeine Gestaltungshinweise

- Das Inhaltsverzeichnis steht bei Seminar- und Bachelorarbeiten unmittelbar nach dem Titelblatt. Als Verzeichnisüberschrift ist die Bezeichnung **Inhaltsverzeichnis** zu verwenden.[14]

---

[11] Rossig/Prätsch 2008, S.109.

[12] Vgl. die Ausführungen zur inhaltlichen Gestaltung und zum Aufbau einer wissenschaftlichen Arbeit in Kapitel 6.

[13] Zu teilweise weitergehenden Hinweisen vgl. Preißner 1998, S. 78 ff.; Rossig/Prätsch 2008, S. 108 ff.; Stickel-Wolf/Wolf 2009, S. 182 ff. u. S. 250 ff.; Ebster/Stalzer 2008, S. 76 ff.; Theisen 2008, S. 100 ff.

[14] Vgl. Gerhards 1995, S. 55.

Die Namensgebung ist zunächst eine Konvention, schützt aber zudem vor deplatzierten Kennzeichnungen. Dies wird am Ausdruck „Inhaltsübersicht" deutlich; Inhaltsverzeichnis und Inhaltsübersicht klingen zwar ähnlich, letztere hat aber eine eigenständige Funktion in wissenschaftlichen Arbeiten. Eine Inhaltsübersicht wird bisweilen in besonders umfangreichen Werken (Monografien, Dissertationen, Habilitationen) dem Inhaltsverzeichnis *vorangestellt*. Es handelt sich hierbei um einen *separaten* Bestandteil einer Arbeit, der dazu gedacht ist, dem Leser Arbeitsschwerpunkte überblicksartig in Form von (wenigen) Hauptkapiteln vorzustellen. Die Verwendung einer Inhaltsübersicht in Seminar- bzw. Bachelorarbeiten ist aufgrund des beschränkten Seitenumfangs nicht üblich und *unangebracht*.

-   Die Bestandteile der Arbeit sind chronologisch und mit korrespondierenden Seitenzahlen darzustellen. Eine Ausnahme bildet die eidesstattliche Erklärung, sie wird *nicht* im Inhaltsverzeichnis aufgeführt!

-   Verzeichnisse *vor* dem Text (das Inhaltsverzeichnis eingeschlossen!) werden mit *römischen* Ziffern, Verzeichnisse *nach* dem Text mit *arabischen* Zifern nummeriert. Die Gliederung des Textes bildet das Kernstück des Inhaltsverzeichnisses; der Seitennachweis der gewählten Gliederungspunkte (Kapitel, Unterkapitel) erfolgt mit *arabischen* Ziffern.

(2) Formale Aspekte der Gliederung

-   Die Gliederung zeigt die Aufteilung des Textes (Gesamtthema) in zusammenhängende Abschnitte (Teil-Themen) und gibt Auskunft darüber, in welchem Verhältnis diese zueinander stehen. Dies erfolgt über eine hierarchische Einstufung der Abschnitte auf bestimmte Gliederungs*ebenen*. Die Gliederung kann daher als Ordnungs- bzw. Aussagesystem verstanden werden, das die Wertigkeit einzelner Textabschnitte (Gliederungspunkte) durch deren Einordnung auf hierarchisch abgestuften Ebenen ausdrückt.
-   Übliche **Gliederungsordnungen** (auch Gliederungssysteme genannt) sind die numerische und die alpha-numerische *Klassifikation*.[15] Bei der alpha-numerischen Klassifikation werden Buchstaben (A, a, α etc.) und Ziffern (I, 1 etc.) zur Unterscheidung der Gliederungs*ebenen* eingesetzt, bei der numerischen Klassifikation ausschließlich arabische Ziffern.[16] Für umfangbegrenzte Seminar- und Bachelorarbeiten wird in diesem Buch die numerische Klassifikation empfohlen,

---

[15] Die Klassifikation ist die Abschnittsbenumerung bzw. Nummerierung der Gliederungspunkte.

[16] Grundsätzlich sind auch Kombinationen beider Klassifikationen (Mischformen) möglich.

die nach dem **Linienprinzip** oder dem **Abstufungsprinzip** erfolgen kann (vgl. Darst. 4):

Linienprinzip		Abstufungsprinzip
1		1 ......
2		2 ......
2.1		2.1 ......
2.1.1		2.1.1 ....
2.1.2		2.1.2 ......
2.1.2.1		2.1.2.1 ....
2.1.2.2		2.1.2.2 ....
2.1.3		2.1.3 ....
2.2		2.2 ......
2.3		2.3 ......
3		3 ......
3.1		3.1 ......
3.1.1		3.1.1 ......
3.1.2		3.1.2 ......
3.2		3.2 ......
...		...
4		4 ......

Darst. 4: Gliederungsprinzipien (numerische Klassifikation)

- Zwischen den Ziffern wird ein Punkt gesetzt. Nach der letzten Ziffer steht *kein* Punkt, dies gilt auch für die erste Gliederungsebene.
- Auch bei Verwendung des Abstufungsprinzips werden die Überschriften **im Text** nicht eingerückt, sondern linksbündig geschrieben!
- Die Gliederung enthält alle im Text verwendeten Überschriften. Überschriften im Text und in der Gliederung müssen wortgleich sein, die Benummerung der Gliederungspunkte und der Textabschnitte übereinstimmen.
- Für die Gliederungsüberschriften ist ein einheitlicher Schrifttyp und eine einheitliche Schriftgröße zu verwenden.
- Überschriften enthalten keine Satzzeichen!
- Jede Gliederungs*ebene* muss aus mindestens zwei Gliederungs*punkten* bestehen; d.h. bei keinem (unterteilten) Oberpunkt darf lediglich ein Unterpunkt existieren. Wer „A" sagt (gliedert), muss auch „B" sagen (gliedern)! Siehe folgendes Beispiel:

Bsp:

Falsch	richtig	richtig
3.1	3.1	3.1 ......
3.1.1	3.1.1	3.2 ......
3.2	3.1.2	3.3 ......
3.3	3.2	3.4 ......

(3) Anhaltspunkte für die Gestaltung der Gliederung

Die Gliederung strukturiert die wissenschaftliche Arbeit. Sie unterteilt die Arbeit in sinnngemäß zusammenhänge Abschnitte (Kapitel, Unterkapitel) und zeigt dem Leser, wie sich die Gedanken des Verfasser im Laufe des Textes entwickeln.

Die zentrale Gedankenführung des Verfassers sollte durch eine problemadäquate, in sich geschlossene Gliederung verfolgbar sein: eine geeignete Gliederung bildet den logischen Aufbau der Arbeit („roter Faden") aussagekräftig und verständlich ab!

Die Umsetzung dieses Anspruches, die Ausrichtung und Verknüpfung der unterschiedlichen Einzelaspekte zu einem in sich geschlossenen Gesamtwerk, das die wissenschaftliche Fragestellung als logische Einheit beantwortet, gehört zu den schwierigsten Unterfangen bei der Erstellung einer wissenschaftlichen Arbeit. Die Erstellung der (endgültigen) Gliederung beansprucht daher i.d.R. auch den vollständigen Bearbeitungszeitraum: sie umfasst die erste Grobgliederung *vor* der Textverfassung, Modifikationen (aufgrund des Erkenntnisgewinns) im Verlauf des Schreibens und schließlich die letzten Feinabstimmungen vor der Fertigstellung.

> **Grundsätzlich** gilt: die Gliederung muss themenrelevant aufgebaut, logisch einwandfrei, inhaltlich leicht erfassbar und aussagekräftig sein. Das bedeutet insbesondere, jeder Gliederungspunkt muss einen deutlich erkennbaren Bezug zum Thema der Arbeit aufweisen, zusammengehörige Problemkreise sind gemeinsam zu behandeln und alle Überschriften gehaltvoll zu formulieren.

Folgende Hinweise geben detaillierte(re) Anhaltspunkte für die Gliederung der Arbeit, und sollen dazu beitragen, regelmäßig vorkommende Fehler zu vermeiden:

- Die Gliederungsüberschriften sollen den Inhalt des nachfolgenden Textabschnittes möglichst knapp und treffend wiedergeben.

Bei der Anfertigung von Überschriften sind nach weitgehend übereinstimmender Literaturmeinung folgende Hinweise zu beachten:[17]

- Keine vollständigen Sätze als Überschrift!
- Keine Formulierung der Überschrift als Frage oder Ausruf!
- Keine Verwendung von Verben in Überschriften!
- Keine Artikel am Beginn der Überschrift!

Angemessen ist eine substantivierte Formulierung, bei der die Überschrift entweder aus einem einzigen, problembezogenen (Haupt-)Wort besteht oder als Kurzsatz mit einem oder wenigen Substantiven (ohne Verben) benannt wird.

Bsp.: Bilanzierungsfähigkeit; Instrumente des Kostenmanagement; Analyse und Bestimmung der Werttreiber; Erscheinungsformen des Controlling; Aufbau der Bilanzanalyse; Verhaltenssteuerungsfunktion der Kostenrechnung; Prinzipien der Preisfestsetzung; Aufgaben der Unternehmensführung etc.

- Eine wissenschaftliche Arbeit gliedert sich *strukturell* in die Hauptabschnitte: „Einleitung – Hauptteil – Schluss". Unmittelbar einsichtig ist es, dass die Bezeichnung „Hauptteil" nicht zu einer *inhaltlichen* Wiedergabe der Textabschnitte, und damit als Überschrift, geeignet ist. Hinsichtlich der Wahl treffender Kapitelüberschriften ist es aber auch wenig informativ, den einleitenden Teil als „Einleitung", den Schlussteil unspezifisch als „Schluss" zu bezeichnen. Beide Bezeichnungen sind kaum gehaltvoll und werden differenzierteren Textausführungen nicht gerecht. Für den Einleitungsteil eignet sich vielmehr ein (oder mehrere) Kapitel mit Bezeichnungen wie etwa „[Aufbau und] Zielsetzung der Arbeit", „Problemstellung", „Definition und Abgrenzung problembezogener Begriffe", „Gang der Untersuchung" etc. Diese können auch als Untergliederung einer „Einleitung", „Einführung" oder „Grundlegung" erstellt werden. Als Kapitelüberschriften für den Schlussteil bieten sich „Zusammenfassung", „Ausblick" oder „Fazit" bzw. Kombinationen hiervon an.[18]

- Bei der Aufgliederung des Textes ist auf eine *angemessene Gliederungstiefe* zu achten. Eine zu geringe Aufgliederung des Gesamtthemas strukturiert die Arbeit nicht genügend; weder der logische Aufbau noch das inhaltliche Gesamtkonzept werden hinreichend aufgedeckt. Zu tiefe Untergliederungen zerstückeln hingegen

---

[17] Vgl. z.B. Watzka 2007, S. 13; Bänsch/Alewell 2009, S.17; Rossig/Prätsch 2008, S. 82.
[18] Vgl. ähnlich Becker 2004, S. 58.

den Gedanken- und Argumentationsgang des Autors und sind wenig lesefreundlich: die Arbeit wirkt „zergliedert" und der innere Zusammenhang des Themas verliert an Schärfe. Als Anhaltspunkt für den Grad der Untergliederung wird eine Beschränkung auf maximal **drei bis vier Gliederungsebenen** (z.B.: 2.1.1 bzw. 2.1.1.1) empfohlen.[19] Zur Bewahrung des Lese- und damit Verständnisflusses soll sich jeder Gliederungspunkt auf mindestens eine halbe Seite Textumfang beziehen!

-   Eine Gliederung sollte formal und inhaltlich (möglichst) **ausgewogen** sein. *Formal* ausgewogen ist eine Gliederung dann, wenn die Proportionen der Gliederung innerhalb der Arbeit annähernd gleich sind. Dies bezieht sich einerseits auf eine gleichmäßige Tiefe der Gliederung (keine „Klumpenbildung"[20]), andererseits auf einen ähnlichen Textumfang auf gleicher Gliederungsebene. *Inhaltliche* Ausgewogenheit steht im Zusammenhang mit der sachlogischen Strukturierung des Textes auf Über- und Unterordnung und fordert eine tendenzielle Übereinstimmung von hierarchischer Einstufung (Gliederungsebene) und inhaltlicher Bedeutung für das Thema. Hieraus ist zu folgern, dass Gliederungspunkte mit gleichwertiger inhaltlicher Bedeutung bzw. Aussage auf der gleichen Gliederungsebene stehen (müssen). Sie folgen einem sachlogisch – an Inhalt und Problemstellung orientierten – übergeordneten Gliederungskriterium und sind selbst Gliederungskriterium für Gliederungspunkte auf nachgeordneten Ebenen.

Beispiel:

Nicht:
1.4   Controllingaufgaben im Kontext von Planung und Kontrolle
1.5   Planungs- und Kontrollprozess
1.5.1   Koordination der Planung
1.5.2   Koordination der Kontrolle
1.6   Controllingaufgaben im Kontext der Informationsversorgung
1.6.1   Prozesskette der Informationsversorgung
1.6.2   Ermittlung des controllingrelevanten Informationsbedarfs
1.6.3   Koordination der Informationsversorgung

Die Gliederung ist (in Teilen) inhaltlich nicht ausgewogen. Abschnitt 1.5 liegt inhaltlich auf einer niedrigeren Ebene als die Abschnitte 1.4. und 1.6. Weiterhin entsprechen sich die

---

[19] Vgl. Grunwald/Spitta 2008, S. 11. Mehr als vier Ebenen sind bei numerischer Klassifikation unübersichtlich und erschweren die Lese-Orientierung.
[20] Scheld 2008, S. 16.

Abschnitte 1.5, 1.51 und 1.5.2 hinsichtlich ihrer inhaltlichen Bedeutung und sollten auf derselben Hierarchiestufe (unterhalb 1.4) stehen.

Sondern:
1.4   Controllingaufgaben im Kontext von Planung und Kontrolle
1.4.1   Planungs- und Kontrollprozess
1.4.2   Koordination der Planung
1.4.3   Koordination der Kontrolle
1.5   Controllingaufgaben im Kontext der Informationsversorgung
1.5.1   Prozesskette der Informationsversorgung
1.5.2   Ermittlung des controllingrelevanten Informationsbedarfs
1.5.3   Koordination der Informationsversorgung

-   Jede Gliederungsüberschrift muss in sich verständlich sein, d.h. ohne Bezugnahme auf höhere Gliederungsebenen auskommen. Eine wortgleiche Wiedergabe einer Kapitelbezeichnung auf unterschiedlichen Gliederungsebenen ist zu vermeiden.

    Beispiel.:

    Falsch:
    2   Kritischer Rationalismus und Frankfurter Schule
    2.1 Kritischer Rationalismus
    2.2 Frankfurter Schule

    Richtig z.B.:
    2   Positivismusstreit in der deutschen Soziologie
    2.1 Position des kritischen Rationalismus
    2.2 Position der Frankfurter Schule

Abschließend ist noch auf Textergänzungen mittels **Exkursen** einzugehen. Exkurse führen über die themenspezifische Argumentation hinaus und ergänzen den Text mit zusätzlichen (aber nicht notwendigen) Informationen. Da diese Informationen nicht unmittelbar zum Thema gehören und dadurch die eigentliche Themenbearbeitung verlassen wird, werden Exkurse in wissenschaftlichen Arbeiten zum Teil strikt abgelehnt.[21] Nach einer anderen (positiven) Interpretation kann ein Exkurs hingegen ein durchaus geeignetes Instrument sein, um aufschlussreiche Ergänzungen zu präsentieren und diesen im Vergleich zu knappen Fußnotenanmerkungen einen höheren Nachdruck zu verleihen (Kap. 4.2).[22]

---

[21] Vgl. Bänsch/Alewell 2009, S. 76.
[22] Vgl. Theisen 2008, S. 169 f.; vgl. Schenk 2005, S. 77.

In dieser Schrift wird ein Exkurs nicht grundsätzlich abgelehnt, allerdings ist bei umfangbegrenzten Arbeiten eine „Kosten-/Nutzen-Abwägung" vorzunehmen. Wird ein Exkurs eingesetzt, ist dieser im Inhaltsverzeichnis dem jeweiligen Kapitel/Abschnitt mit einer entsprechenden Gliederungszahl zuzuordnen und der beschreibenden Überschrift der Hinweis „Exkurs:" voranzustellen.

3.2.2 Abkürzungen

Im Umgang mit Abkürzungen ist grundsätzlich zu beachten, dass eine Verwendung im Übermaß das Verständnis des Textes belastet und den Lesefluss stört.

- Ohne Einschränkung zulässig sind die im DUDEN als allgemein gebräuchlich verzeichneten Abkürzungen und Akronyme (aus den Anfangsbuchstaben mehrerer Wörter gebildete Kurzwörter).

> **Abkürzungen** laut DUDEN sind (Beispiele): „z.B.", vgl.",„usw.", „u.a.", „S.", „i. Allg.", „bzw."; **Akronyme** laut DUDEN sind (Beispiele): USA, EDV, PC, TÜV, DIN, UNO, ADAC, ZDF

Eine besondere Bedeutung kommt den sog. Zitierabkürzungen zu, die bei der bibliografischen Dokumentation in Fußnoten und im Literaturverzeichnis verwendet werden. Eine Zusammenstellung gängiger bibliografischer Abkürzungen erfolgt im Anschluss an die Behandlung der Zitierregeln und Fußnotengestaltung (Kap. 4).

- Nicht allgemein gebräuchliche (d.h. nicht im DUDEN angeführte) Abkürzungen sind sparsam zu verwenden, um das Lesen der Arbeit nicht zu erschweren. Sie sind nur dann zulässig, wenn sie (bzw. die Initialwörter) Institutionen und Organisationen betreffen, ihre Verwendung in der betreffenden Fachdisziplin üblich ist oder es sich um literatur- bzw. gesetzestextbezogene Abkürzungen handelt.

(1) Beispiele für **fachspezifisch-übliche** Abkürzungen sind:

GoB	Grundsätze ordnungsmäßiger Buchführung
JIT	Just-In-Time
BSP	Bruttosozialprodukt

Zur Einführung der Abkürzung im laufenden Text *kann* der betreffende (Fach-)Begriff bei seiner ersten Erwähnung ausgeschrieben und die Abkürzung direkt hinter der Langfassung in Klammern angegeben werden.

(2) **Literaturspezifische** Abkürzungen werden i.d.R. nur im *Literaturverzeichnis* verwendet, sie beziehen sich z.B. auf Zeitschriftentitel, Handbücher, Handwörterbücher und Lexika. Beispiel (Zeitschrift): WISU für „Das Wirtschaftsstudium". Darüber hinaus können – je nach Thema der Arbeit – auch Abkürzungen relevant sein, die sich auf Gesetze, Verordnungen, Erlasse, Kommentare etc. beziehen (z.B. BilMoG = Bilanzrechtsmodernisierungsgesetz).

- Eigene Abkürzungen, die an Wörtern des laufenden Textes aus reiner Bequemlichkeit vorgenommen werden, sind nicht zulässig. Diese Regelung vermeidet Missverständnisse sowie unnötige Störungen des Leseflusses.

Alle *erklärungsbedürftigen* Abkürzungen werden in einem **Abkürzungsverzeichnis** alphabetisch geordnet und dem Text vorangestellt. Als einfache Grundregel gilt hierbei, dass nur solche Abkürzungen erklärungsbedürftig sind, die nicht im DUDEN notiert sind. Hinsichtlich Inhalt und Umfang des Abkürzungsverzeichnisses impliziert diese Regel, dass

- alle laut DUDEN gängigen Abkürzungen **nicht** aufgeführt werden,
- alle nicht im DUDEN angeführten Abkürzungen erscheinen **müssen**.

BAB	Betriebsabrechnungsbogen
BDI	Bundesverband der deutschen Industrie
BMF	Bundesministerium der Finanzen
CFROI	Cash Flow Return On Investment
DRS	Deutscher Rechnungslegungsstandard
GoB	Grundsätze ordnungsmäßiger Buchführung
GuV	Gewinn- und Verlustrechnung
GWB	Gesetz gegen Wettbewerbsbeschränkungen
HdB	*Handwörterbuch der Betriebswirtschaft*
HdO	*Handwörterbuch der Organisation*
HTML	Hypertext Markup Language
JoF	*Journal of Finance (Zeitschrift)*
ROI	Return On Investment
WACC	Weighted Average Cost of Capital
WiSt	*Wirtschaftswissenschaftliches Studium (Zeitschrift)*
WWW	World Wide Web
ZfB	*Zeitschrift für Betriebswirtschaft (Zeitschrift)*

Darst. 5: Beispiel für ein Abkürzungsverzeichnis (inkl. Zeitschriften)

Der Kursivdruck in Darst. 5 weist darauf hinweisen, dass ein Eintrag literaturspezifischer Abkürzungen im Abkürzungsverzeichnis u.U. entfallen kann. Dies ist dann der Fall, wenn bei der Dokumentation der Quelle im Literaturverzeichnis neben der Abkürzung auch die Langfassung (des Zeitschriftentitels etc.) angegeben wird (Kap. 3.2.6.2).

Im Unterschied zum Inhaltsverzeichnis enthält das Abkürzungsverzeichnis keine Angabe von Seitenzahlen; d.h. die Textstellen der verwendeten Abkürzungen werden im Abkürzungsverzeichnis *nicht* dokumentiert.

3.2.3 Darstellungen

3.2.3.1 Bedeutung

Der Ausdruck **Darstellung** wird im Zusammenhang mit wissenschaftlichen Texten gewöhnlich als zusammenfassende Bezeichnung für Abbildungen und Tabellen verwendet.

Abbildungen (z.B. Diagramme, Schaubilder) sind mehr als eine optische Ergänzung. Sie lockern den Text auf *und* sind wertvolle Erklärungshilfen von komplexen Textpassagen. Abbildungen illustrieren im Text abgehandelte Inhalte bzw. Zusammenhänge einprägsam und anschaulich und erhöhen dadurch die Aufnahmebereitschaft des Lesers sowie das Textverständnis.

Von Abbildungen zu unterscheiden sind **Tabellen.** Tabellen kommen primär für die Verarbeitung und Veranschaulichung von umfangreichen quantitativen Daten zur Anwendung. Sie dienen ebenfalls dem Zweck, die Verständlichkeit der verbal vorgetragenen Argumentation zu steigern und relevante Informationen in verdichteter Form bereitzustellen.

Im Umgang mit Darstellungen ist daran zu denken, dass sie den Text *ergänzen* und *erläutern* sollen, aber nicht ersetzen können. Die eigene plausible Argumentation steigert den Gehalt der Arbeit, nicht die Datenmenge der Tabelle bzw. die künstlerische Gestaltung der Abbildung. Eine korrekte Handhabung von Darstellungen berücksichtigt weiterhin, dass

- sie übersichtlich und leicht verständlich informieren; d.h. sich auf das *Wesentliche* konzentrieren sollen;
- sie als Bestandteil des Textes gelten und deswegen auch *unmittelbar in den Textzusammenhang* einzubinden sind;
- auf sie *Bezug* zu nehmen ist, z.B. im Textfluss: *„Darstellung XY verdeutlicht-/illustriert ..."* oder am Ende einer Textpassage: *(vgl. Darst. XY; s. Darst. XY).*
- sie den im Text erläuterten Zusammenhang aufgreifen;
- sie *selbstredend*, d.h. für sich allein ohne weitere Erläuterung verständlich sind.[23]

Hinsichtlich des Ausweises von Darstellungen in wissenschaftlichen Arbeiten gibt es mehrere Alternativen:

- Bei längeren Arbeiten mit zahlreichen Tabellen ist eine separate Kennzeichnung als Abbildung oder als Tabelle vorzunehmen.
- Bei kürzeren Arbeiten mit relativ wenigen Tabellen ist eine begriffliche Unterscheidung der Darstellungsform unnötig. Es sollte daher einheitlich der Sammelbegriff **Darstellung** verwendet werden.

Seminar- und Bachelorarbeiten zählen mit ihrem auf 20 bzw. 40 Seiten begrenzten Umfang zu den kürzeren wissenschaftlichen Arbeiten. Es wird daher grundsätzlich der Ausdruck *„Darstellung"* als Sammelbegriff für Abbildungen und Tabellen empfohlen. Sofern die Arbeit nur Abbildungen bzw. Tabellen enthält, können auch jeweils diese als Bezeichnung gewählt werden.

3.2.3.2 Bezeichnung und Quellenvermerk

Jede Darstellung im Text ist mit einer **Bezeichnung** zu versehen, die unterhalb der Darstellung angeordnet wird. Die Bezeichnung enthält die

- Kennzeichnung als Darstellung *(Darst.),*
- die *laufende Nummer* (fortlaufende Nummerierung) und
- den *Titel* der Darstellung.

---

[23] Vgl. zu diesem Abschnitt Rossig/Prätsch 2008, S. 112 f.

Bei einer Aufspaltung in Abbildungen und Tabellen sind die Abkürzungen *(Abb.)* und *(Tab.)* zu verwenden; Abbildungen und Tabellen sind dann getrennt durchzunummerieren! Mehrzeilige Bezeichnungen werden mit *einfachem* Zeilenabstand geschrieben.

Der **Quellenvermerk** erfolgt direkt unterhalb der Bezeichnung, d.h. nicht als Fußnote (Kap. 4.2)!

Wird in der eigenen Arbeit eine Darstellung von anderen Autoren übernommen, ist dies im Quellenvermerk kenntlich zu machen. Es lassen sich grundsätzlich zwei Fälle unterscheiden, die einen jeweils spezifischen Ausweis im Quellenvermerk erfordern:[24]

Fall 1: Genaue Übernahme einer Darstellung von Dritten   Quelle: N*ame Jahr, Seite*   Quelle: entnommen aus N*ame Jahr, Seitenangabe*
Fall 2: **Abgeänderte Übernahme fremder Darstellungen**   Quelle: modifiziert übernommen aus *Name Jahr, Seitenangabe*   Quelle: in Anlehnung an *Name Jahr, Seitenangabe*
Bei der Quellenangabe können grundsätzlich auch Name und Jahreszahl durch ein Komma getrennt oder die Jahreszahl in Klammern gesetzt werden: *Name, Jahr, Seitenangabe*   *Name (Jahr), Seitenangabe.*   Die Art der Quellenangabe in Darstellungen ist in Übereinstimmung mit dem Quellennachweis in Fußnoten vorzunehmen[25]

Darst. 6: Quellenvermerke bei Darstellungen

In beiden Fällen können die jeweils dargestellten Quellenvermerke alternativ verwendet werden. Darstellung 7 und 8 zeigen die Zitiertechnik von Darstellungen exemplarisch:

---

[24] Vgl. Karmasin/Ribing 2009, S. 97 ff.
[25] Vgl. zu den Einzelheiten der Quellenangaben in Fußnoten Kap. 4.2.

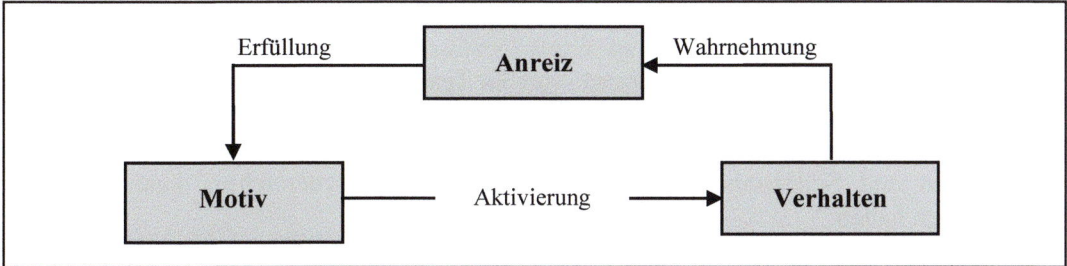

Darst. 7: Schematische Darstellung eines einfachen Verhaltensmodells
(Quelle: in Anlehnung an Hungenberg/Wulf 2006, S. 263)

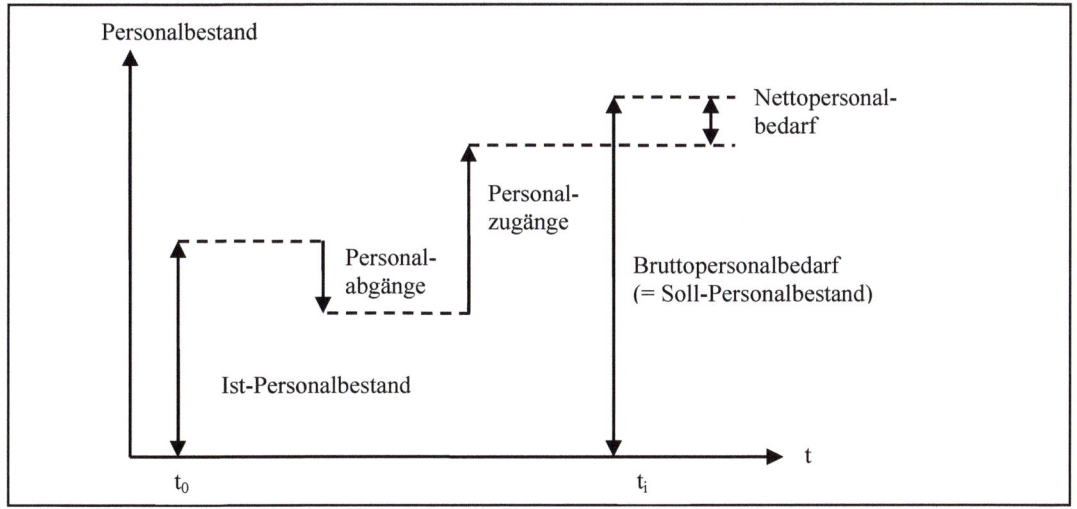

Darst. 8: Ermittlung des zukünftigen Nettopersonalbedarfs
(Quelle: Thommen/Achleitner 2006, S. 678)

Passen Bezeichnung und Quellenvermerk in eine Zeile, kann der Quellenvermerk auch unmittelbar im Anschluss an die Bezeichnung angebracht werden.

Beispiel:
Darst. 5: Verhaltensgitter (Quelle:Blake/Mouton, 1986, S. 28)

Wurde eine Darstellung i.R. der Seminar- bzw. Bachelorarbeit vom Autor selbst entworfen, erhält sie den Vermerk: *Quelle: eigene Darstellung.* Sofern alle fremd-bezogenen Darstellungen zitiert sind, erübrigt sich dieser Zusatz eigentlich; er dient aber dem Nachweis, dass keine Quellenangabe „vergessen" wurde!

3.2.3.3 Ausweis

Alle Darstellungen sind entsprechend ihrer im Text durchnummerierten Reihenfolge in einem **Darstellungsverzeichnis** aufzulisten. Hierbei ist die im laufenden Text verwendete Bezeichnung der Darstellung wortgleich und vollständig sowie deren Nummer und Seitenzahl anzugeben. Ein Darstellungsverzeichnis kann folgendes Aussehen haben:

Darstellungsverzeichnis

Darst. 1: Kapitalmarktlinie und optimale Anlagestrategie 15
Darst. 2: Shareholder Value-Netzwerk nach Rappaport 17
Darst. 3: Leverage-Effekt bei Sicherheit 22
…

Darst. 9: Beispiel für ein Darstellungsverzeichnis

Bei Arbeiten mit zahlreichen Tabellen ist eine separate Kennzeichnung von Abbildungen und Tabellen im Text zu empfehlen. Es ist dann eine Aufteilung des Darstellungsverzeichnisses in ein (getrenntes) Abbildungs- und Tabellenverzeichnis erforderlich:[26]

Abbildungsverzeichnis

Abb. 1: Vor- und Nachteile einzelner Beschaffungswege...... 25
Abb. 2: Handlungsfelder des Personalmanagements 32
Abb. 3: Grundmodell der Entscheidungstheorie................. 38
…

Tabellenverzeichnis

Tab. 1: Alternative Berechnungen der Kapitalbindung...... 20
Tab. 2: Umsatzentwicklung 2005-2009 28
Tab. 3: Ausgangsdaten der ABC-Analyse 34
…

Darst. 10: Getrenntes Darstellungsverzeichnis

---

[26] Werden im Text ausschließlich *Abbildungen* verwendet (und als solche bezeichnet), erhält das zusammenfassende Verzeichnis die Überschrift *Abbildungs*verzeichnis.

3.2.4 Formeln und Symbole

Symbole bzw. Formelzeichen sind spezifische Abkürzungen, die insbesondere in mathematisch-statistisch und/oder technisch ausgerichteten Arbeiten Anwendung finden. Soweit es sich bei den eingesetzten Symbolen um allgemein verständliche Zeichen handelt (z.B. m^2, Σ, cm, kg) sind diese nicht erklärungsbedürftig. Alle nicht gängigen Symbole sind in einem gesonderten Symbolverzeichnis alphabetisch anzuordnen und zu erklären. Symbole sind in der Arbeit einheitlich und überschneidungsfrei zu verwenden. Werden Symbole bzw. Formeln auch aus fremden Quellen herangezogen, sind diese unter Berücksichtigung ihrer Inhalte an deren Kennzeichnung im eigenen Text anzupassen (dies gilt nicht bei wörtlichen Zitaten).[27]

Darstellung 11 zeigt ein Beispiel für ein Symbolverzeichnis:

Symbolverzeichnis	
β	Beta-Faktor für das systematische Risiko
ϵ	Störvariable
μ	Erwartungswert der Rendite
σ	Standardabweichung
$\sigma 2$	Varianz
cov	Kovarianz
ρ	Korrelationskoeffizient
Φ	Präferenzwert; -funktion
AZ_t	Auszahlung in t
CF_t	Cash Flow im Zeitpunkt t
D_t	Dividendenzahlung in t
DCF_t	Discounted Cash Flow im Zeitpunkt t
…	

Darst. 11: Beispiel für ein Symbolverzeichnis

---

[27] Vgl. ausführlich zu Formeln und Symbolen Krämer 2009, S. 125 ff.

3.2.5 Anhang

Der Anhang folgt unmittelbar im Anschluss an den Text unter Fortführung der arabischen Seitenzählung. Da an dieser Stelle der eigentliche Text mitsamt den zum Verständnis wichtigen Darstellungen (Abbildungen und Tabellen) bereits abgeschlossen ist, kommen als Bestandteile des Anhang nur *ergänzende* Materialien (z.B. längere Berechnungen, Fragebogen, Dokumentationen) in Frage. Folgerichtig darf in den Anhang nur eingestellt werden, was nicht zwingend zum Textverständnis gehört: Der Anhang darf demnach nicht dazu verwendet werden, die Begrenzung des Seitenumfangs zu umgehen!

Als (möglicher) Gegenstand des Anhangs wird in der Literatur z.T. auch die Anfertigung eines *Glossars* angeführt.[28] Ein Glossar erläutert Fachausdrücke in tabellarischer Form. Hier wird allerdings die Meinung vertreten, dass die Explikation bzw. Definition zentraler Begriffe Gegenstand des Haupttextes ist, so dass in Seminar- und Bachelorarbeiten ein separates Glossar *nicht* erforderlich ist.

Weiterhin sind folgende Punkte zu beachten:

- Darstellungen (Tabellen/Abbildungen) des Anhangs werden *nicht* im Darstellungsverzeichnis (Abbildungs-/Tabellenverzeichnis) erfasst.
- Bei mehreren Anhangsteilen ist jeder Teil mit einer Nummer und Überschrift zu versehen.

Umfangreichen Anhängen ist ein Anhangverzeichnis voranzustellen (vgl. Darst. 12):

Anhangverzeichnis

Anhang 1: Übersicht über intern durchgeführte Wartungen 42
Anhang 2: Berechnung der Envelopmentform für DMU (A-E)   43
Anhang 3: Detailstruktur der Liquiditätsplanung 45
...

Darst. 12: Beispiel für ein Anhangverzeichnis

---

[28] Vgl. Stickel-Wolf/Wolf 2009, S. 261 f.

3.2.6 Literatur

3.2.6.1 Allgemeine Kennzeichnung

Eine grundlegende Anforderung an wissenschaftliche Arbeiten ist die Überprüfbarkeit der zitierten Literaturquellen. Zweck des Literaturverzeichnisses ist es, diese Anforderung umsetzen: Es soll durch einen korrekten und vollständigen Nachweis der verwendeten Literatur sicherstellen, dass Leser und Gutachter diese schnell und eindeutig wieder auffinden und wörtliche bzw. sinngemäße Zitatstellen plausibel nachvollziehen können.

Im Literaturverzeichnis ist das gesamte literarische Material aufzuführen, auf das in der Arbeit *nachweislich* Bezug genommen wurde. Es enthält somit zwangsläufig sämtliche Schriften, die im Text bereits als direktes oder indirektes Zitat in Fußnoten belegt sind oder aus denen Abbildungen bzw. Tabellen entnommen sind.

> Die im Literaturverzeichnis aufgeführten Schriften müssen stets mit den im Text *tatsächlich* zitierten Werken übereinstimmen. Literatur, die zwar für die Bearbeitung des Themas herangezogen, aber in der eigenen Arbeit nicht zitiert wurde, gehört ausdrücklich *nicht* in das Literaturverzeichnis!

Literaturquellen werden in der Hauptsache nach folgende Arten unterschieden:

- Bücher (Lehrbücher, Monografien bzw. Hochschulschriften)
- Artikel in Sammelwerken (z.B. Festschriften, Handbücher, Lexika)
- Artikel in Fachzeitschriften
- Internetdokumente

Darüber hinaus können im Einzelfall auch Zeitungen, statistische Quellen oder Sonderformen wie Jahrbücher und Gesetzestexte für eine betriebswirtschaftliche Seminar- bzw. Bachelorarbeit relevant sein.[29]

---

[29] Zur korrekten Angabe dieser und weiterer Arten von Quellen im Literaturverzeichnis vgl. Rossig/Prätsch 2008, S. 133 f. u. S. 141 ff.; Beneke u.a. 2009, S. 92 f.; Karmasin/Ribing 2009, S. 114 ff.

Je nach Erscheinungsform der Quellen erfolgt ein unterschiedlicher bibliografischer Eintrag im Literaturverzeichnis. Bevor diese quellenspezifischen Besonderheiten behandelt werden, erfolgen zunächst generelle (1) und bibliografische (2) Hinweise, die unabhängig vom Publikationstyp gelten.[30]

(1) Generelle Ordnungshinweise

- Jeder Eintrag einer Literaturquelle in das Literaturverzeichnis wird mit einem Punkt abgeschlossen. Im Literaturverzeichnis ist ein einzeiliger Abstand zu setzen.
- Zur Erhöhung der Übersichtlichkeit sollten *hängende Einzüge* (die erste Zeile wird auf die volle Breite gesetzt, die weiteren eingerückt) und *Abstände* zwischen den einzelnen Einträgen gewählt werden.
- Die im Literaturverzeichnis angegebenen Quellen sind *alphabetisch* nach den Nachnamen der Autoren zu ordnen. Mehrere Titel desselben Autors werden nach dem Erscheinungsjahr - beginnend mit dem jüngsten Titel - geordnet.
- Weil es manchmal doch vorkommt: eine Nummerierung der Literaturliste ist zu unterlassen!
- Eine Trennung des Literaturverzeichnisses nach Publikationsformen (Bücher, Sammelwerke, Zeitschriften etc.) ist nicht vorzunehmen.

(2) Bibliografische Gestaltungshinweise

Zentrale (gemeinsame) Elemente einer Literaturquellenangabe sind der *Name* und *Vorname* des Autors, der *Titel* der Schrift sowie deren *Erscheinungsdaten*. Bei der Aufnahme der verwendeten Quellen in das Literaturverzeichnis ist Folgendes zu beachten:

- **Name/Vorname:**
  - Autorenvornamen können ausgeschrieben oder abgekürzt werden; in den Literaturempfehlungen herrscht hier Uneinigkeit! Die Vornamensabkürzung vermeidet ggf. Inkonsistenzen, da nicht alle Quellen die vollständigen Vornamen ausweisen. Ausgeschriebene Vornamen erleichtern hingegen dem Leser grundsätzlich die Literaturbeschaffung. Die gewählte Vorgehensweise ist auf jeden Fall einheitlich zu handhaben.

---

[30] Bei den meisten hiergenannten Punkten besteht in der Literatur weitgehende Übereinstimmung; vgl. z.B. Beneke u.a. 2009, S. 88 ff.; Rößl 2005, S. 243 ff.; Stickel-Wolf/Wolf 2009, S. 254 ff.; Franck/Stary 2009, S. 184 ff.

- Bei Werken mit bis zu drei Autoren, werden sämtliche Namen aufgeführt und mit Schrägstrich „/" abgegrenzt. Bei mehr als drei Autoren wird nur der erstgenannte Name vermerkt und mit dem Zusatz „ u.a." (und andere) oder „et al." (et alii) versehen.
- Akademische Titel bzw. Grade (Prof. bzw. Dr., Dipl.-Kfm. o.ä.) der Autoren bzw. Herausgeber werden nicht aufgenommen.
- Schriften ohne Herausgeber- bzw. Verfasserangabe werden unter der Bezeichnung „o. V." (ohne Verfasser) geführt und eingeordnet. Bei Werken von Institutionen, bei denen eine Person als Verfasser (oder Herausgeber) nicht erkennbar ist, wird die Institution als Herausgeber geführt.
- Adelsprädikate (als Bestandteil des Familiennamens) wie z.B. „von", „zu"; „von und zu", „von der" stehen hinter dem Vornamen.

- **Titel/Erscheinungsdaten:**
  - Der *Titel* der Schrift ist vollständig aufzunehmen; hierzu gehört auch der Ausweis eventuell vorhandener *Untertitel*. Titel und Untertitel werden üblicherweise durch einen Punkt getrennt.
  - Die Erfassung der *Auflage* erfolgt erst ab der 2. Auflage. Zusätze wie „überarbeitet" oder „verbessert" sind wegzulassen.
  - Bis zu drei *Erscheinungsorte* sind durch Schrägstrich („/") zu trennen; sind bei einer Schrift mehr als drei Orte angegeben, ist bei der Aufnahme in das Literaturverzeichnis nur der erste mit dem Zusatz „u.a." anzuführen.
  - Bei mehreren Schriften eines Autors in einem Erscheinungsjahr ist die Jahreszahl durch die Buchstaben a, b, c … etc. zu ergänzen und entsprechend einzuordnen.
  - Fehlende Angaben bei den Erscheinungsdaten werden durch die Abkürzungen „o. O." (ohne Ort) bzw. „o. J." (ohne Jahr) gekennzeichnet.
  - *Verlagsnamen* werden üblicherweise nicht angegeben.

3.2.6.2 Publikationsformspezifische Eintragungen

Die folgenden Empfehlungen dienen einer korrekten und vollständigen bibliografischen Eintragung zitierter Schriften in das Literaturverzeichnis.

Die nachstehenden Ausführungen zeigen die literaturspezifischen Dokumentationen der Quellen im Literaturverzeichnis in ihren Grundformen. Die im Folgenden dargestellten – bzw. fehlenden – Satzzeichen **zwischen** den Bestandteilen der Quellenangabe sind zu beachten. Runde Klammern sind ebenfalls wie angegeben zu übernehmen. Die geschweiften Klammern weisen hingegen darauf hin, dass es sich um Elemente handelt, die ggf. nicht vorhanden sind (Untertitel, Bandnummer) bzw. nicht genannt werden (Erstauflage).[31] Weitere quellenbezogene Besonderheiten werden an den jeweiligen Stellen genannt und mit einem Beispiel versehen.

Kapitel 3.2.6.3 führt – mit Rückgriff auf die angeführten bibliografischen Gestaltungshinweise – einige Variationen in einem beispielhaften Literaturverzeichnis auf.

a Bücher

Nachname, Vorname: Titel. {Untertitel}, {Auflage}, Ort Jahr.

Beispiel:
Hagenloch, T.: Grundzüge der Entscheidungslehre, Norderstedt 2009.

Üblich ist auch die folgende **Variante**, bei der das Erscheinungsjahr nach dem Vornamen in Klammern platziert wird (die Jahresangabe am Schluss entfällt).

Nachname, Vorname (Jahr): Titel. {Untertitel}, {Auflage}, Ort.

Beispiel:
Hagenloch, T. (2009): Grundzüge der Entscheidungslehre, Norderstedt.

Diese Eintragungsvariante kann bei anderen Publikationsformen analog verwendet werden; aus Gründen der Übersichtlichkeit wird bei den Punkten b-d auf diese Variantendarstellung verzichtet. In der wissenschaftlichen Arbeit können beide Darstellungsformen genutzt werden, es ist aber unbedingt auf eine *einheitliche* bibliografische Dokumentation zu achten.[32]

Bei **mehreren Bänden** von Büchern ist nach dem Titel/Untertitel zusätzlich die Bandnummer und – sofern vorhanden – der Bandtitel anzuführen.

Beispiel:
Gutenberg, E.: Grundlagen der Betriebswirtschaftslehre, Bd. 1: Die Produktion, 23. Auflage, Berlin/Heidelberg/New York 1979.

---

[31] Siehe hierzu noch einmal die bibliografischen Gestaltungshinweise, S.31 f.
[32] Vgl. die alternativen (Muster-)Literaturverzeichnisse in Kapitel 3.2.6.3.

Handelt es sich bei der zitierten Quelle um eine **Hochschulschrift** ist dies durch den Hinweis „Diss." (= Dissertation) bzw. „Habil.-Schr." (= Habilitationsschrift) sowie der Angabe von Hochschule und Prüfungsjahr kenntlich zu machen. Dissertationen bzw. Habilitationsschriften, die als Monografien oder in Reihen veröffentlicht wurden, werden auch in dieser Form zitiert, erhalten am Ende des bibliografischen Eintrags jedoch den Zusatz (Diss., Hochschule Jahr) bzw. (Habil.-Schr., Hochschule Jahr). Der Bezeichnung der Hochschulschrift kann auch das Wort „zugl." (= zugleich) vorangestellt werden.

Beispiel:
Gilles, R.: Performance Measurement mittels Data Envelopment Analysis. Theoretisches Grundkonzept und universitäre Forschungsperformance als Anwendungsfall, Köln 2005 (zugl. Diss. RWTH Aachen 2005).

b Artikel in Sammelwerken

Bei Artikeln in Sammelbänden (Festschriften, Handbücher, Handwörterbücher, Lexika) ist zusätzlich zu den Autoren- und Artikelangaben auch das Sammelwerk mit Herausgebername(n), Titel und Erscheinungsdaten zu nennen. Am Ende des Eintrags ist die Anfangs- und Endseite des Artikels anzugeben.

> Nachname, Vorname: Titel. {Untertitel}, in: Nachname, Vorname (Hrsg.), Titel. {Untertitel}, {Auflage}, Ort Jahr, Seitenangabe.

Beispiel:
Hagenloch, T.: Anreizsteuerung und Risikoteilung bei Agency-Problemen, in: Horst, K.-H./Schindler, U. (Hrsg.), Recht-Personal-Ökologie-Unternehmung, Aachen 2006, S. 223-240.

Bei mehreren Bänden (z.B. bei Lexika oder Handbüchern) ist wiederum nach dem Titel/Untertitel die Bandnummer und ggf. der spezifische Bandtitel anzugeben.

Beispiel:
Krüger, W.: Organisation, in: Bea, F.X./Friedl, B./Schweitzer, M. (Hrsg.), Allgemeine Betriebswirtschaftslehre, Bd. 2: Führung, 9. Auflage, Stuttgart 2005, S. 140-234.

c Artikel in Fachzeitschriften

Bei Zeitschriftenartikeln ist zusätzlich zu den Autoren- und Artikelangaben der Zeitschriftenname, die Jahrgangs- und Heftnummer sowie das Erscheinungsjahr anzugeben. Die Seitenangaben des Artikels (erste und letzte Seite) schließen den Eintrag ab.

> Nachname, Vorname: Titel. {Untertitel}, in: Name der Zeitschrift, Jahrgang, Heft/Jahr, Seitenangabe.

Der Name einer Fachzeitschrift kann abgekürzt werden, sofern dies allgemein üblich ist; die Abkürzung sollte dann jedoch in das Abkürzungsverzeichnis aufgenommen werden. Eine alternative Vorgehensweise (ohne Eintrag im Abkürzungsverzeichnis) besteht darin, den Namen der Zeitschrift *und* nachfolgend – ohne Trennzeichen und in Klammern – die Abkürzung anzugeben. Dies gilt analog für Handbücher, Handwörterbücher etc.

Beispiel:
Hagenloch, T.: Effizienzberechnung mit der Data Envelopment Analysis (I), in: Das Wirtschaftsstudium (WISU), Heft 10/2008, S. 1372-1382.

Kann die Heftnummer oder der Jahrgang im Einzelfall nicht bestimmt werden, entfallen diese Eintragungen.

d Internetdokumente

Bei Quellen aus dem Internet ist zusätzlich zu den Autoren- und Artikelangaben die Internetadresse (URL = Uniform Resource Locator) und das Abrufdatum anzugeben. Die Angabe der Internetadresse kann ohne einleitendes „URL" erfolgen; sie beginnt dann mit dem Übertragungsprotokoll (meist http oder ftp) und enthält anschließend den vollständigen (Zugriffs-)Pfad bis zum zitierten Dokument.[33] Gegebenenfalls sind die Versions-Nummer und/oder weitere Hinweise auf Bearbeitungsstände anzugeben. Ist

---

[33] HTTP = HyperText Transfer Protocol (Übertragungsprotokoll des WWW-Dienstes; FTP = File Transfer Protocol (Kommunikationsprotokoll zur Übertragung von Dateien in Computernetzwerken über das Internet).

kein Erstellungs- bzw. Überarbeitungsdatum angegeben, wird analog zur Angabe bei Büchern die Abkürzung „o.J." verwendet.

Nachname, Vorname: Titel. {Untertitel}, Internetadresse, Erscheinungsdatum, {Versions-Nummer; Bearbeitungsstand}, Abrufdatum.

Beispiele:

Brodbeck, K.-H.: ABC der Wissenschaftstheorie für Betriebswirte, http://www.fh-wuerzburg.de/professoren/bwl/brodbeck/abc.pdf, 1996, Abruf am 10.03.2010.

Klempien, D.: Cash-Flow Einführung und Überblick über Cash-Flow Berechnungs-arten, http://www.controllingportal.de/Fachinfo/Kennzahlen/Cash-Flow-Einfuehrung-und-Ueberblick-ueber-Cashflow-Berechnungsarten.html, 29.01.07, Abruf am 10.03.10.

Das Internet als Quelle für die wissenschaftliche Arbeit bringt u.U. erhebliche Probleme mit sich. Bei elektronischen Quellen ist nicht gewährleistet, dass der Leser bzw. Gutachter der Arbeit bei Aufruf des zitierten Dokumentes noch unveränderte Informationen erhält. Die Instabilität bzw. Flüchtigkeit von Internetquellen beeinträchtigt daher die notwendige Überprüfbarkeit zitierter Quellen erheblich.

3.2.6.3 Darstellungsvarianten des Literaturverzeichnisses

Variante 1
(vorangestellte Jahresangabe)

Literaturverzeichnis

Backhaus, K. u.a. (2003): Multivariate Analysemethoden, 10. Auflage, Berlin.

Bea, F.X./Friedl, B./Schweitzer, M. (2006): Einleitung: Leistungsprozess, in: dieselben (Hrsg.), Allgemeine Betriebswirtschaftslehre, Band 3: Leistungsprozess, 9. Auflage, Stuttgart, S. 1-8.

Berthel, J./Becker, F.G. (2003): Personalmanagement, 7. Auflage, Stuttgart.

Domsch, M. (2005): Personal, in: Bitz, M. u.a. (Hrsg.), Vahlens Kompendium der Betriebswirtschaftslehre, Bd. 1, 5. Auflage, München, S. 385-448.

Europäische Kommission (Hrsg.) (2006): Die neue KMU-Definition. Benutzerhandbuch und Mustererklärung, http://ec.europa.eu/enterprise/policies/sme/files/sme_definition/sme_-user_guide_de.pdf, Abruf am 26.11.2008.

Fritz, W. (1995): Umweltschutz und Unternehmenserfolg. Eine empirische Analyse, in: Die Betriebswirtschaft (DBW), 55. Jg., Heft 3, S. 347-357.

Günterberg, B./Wolter, H.-J. (2003):Unternehmensgrößenstatistik 2001/2002. Daten und Fakten, in: Institut für Mittelstandsforschung Bonn (Hrsg.), IfM-Materialien Nr. 157, Bonn.

Hagenloch, T. (2007): Value Based Management und Discounted Cash Flow-Ansätze. Eine verfahrens- und aufgabenorientierte Einführung, Norderstedt.

Hagenloch, T. (2004a): Lebenslanges Entscheiden – Fallstudie zur Entscheidungsfindung bei Risiko, in: Horst, B./Söhnchen, W. (Hrsg.), Wertschöpfung und Supply Chain. Netzwerk - Innovation – Risiko, Aachen, S. 203-228.

Hagenloch, T. (2004b): Entscheidungen unter Unsicherheit – Was sind neue Informationen wert?, in: Das Wirtschaftsstudium (WISU), 33. Jg., Heft 06, S. 774-780.

Hansmann, K.-W. (2001): Industrielles Management, 7. Auflage, München/ Wien.

IG Metall (Hrsg.) (2008): Daten , Fakten, Informationen, 37. Auflage, Frankfurt.

Jost, P.-J. (2001): Die Prinzipal-Agenten-Theorie im Unternehmenskontext, in: ders. (Hrsg.), Die Prinzipal-Agenten-Theorie in der Betriebswirtschaftslehre, Stuttgart, S. 11-43.

Kappler, E. (2004): Management by Objectives, in: Schreyögg, G./Werder, A. von (Hrsg.), Handwörterbuch Unternehmensführung und Organisation, 4. Auflage, Stuttgart, Sp. 772-780.

Schneider, D. (1998): Produktoptimierung und zielorientierte Kostengestaltung mit Conjoint Measurement, in: Zeitschrift für Unternehmensentwicklung und Industrial Engineering (FB/IE), 47 Jg., Heft 1, S. 24-27.

Spremann, K. (1990): Asymmetrische Information, in: Zeitschrift für Betriebswirtschaft (ZfB), 60. Jg., Heft 5, S. 561-586.

Darst. 13: Beispiel für ein Literaturverzeichnis mit vorangestellter Jahresangabe

Variante 2
(abschließende Jahresangabe)

Literaturverzeichnis

Backhaus, K. u.a.: Multivariate Analysemethoden, 10. Auflage, Berlin 2003.

Bea, F.X./Friedl, B./Schweitzer, M.: Einleitung: Leistungsprozess, in: dieselben (Hrsg.), Allgemeine Betriebswirtschaftslehre, Band 3: Leistungsprozess, 9. Auflage, Stuttgart 2006, S. 1-8.

Berthel, J./Becker, F.G.: Personalmanagement, 7. Auflage, Stuttgart 2003.

Domsch, M.: Personal, in: Bitz, M. u.a. (Hrsg.), Vahlens Kompendium der Betriebswirtschaftslehre, Bd. 1, 5. Auflage, München 2005, S. 385-448.

Europäische Kommission (Hrsg.): Die neue KMU-Definition. Benutzerhandbuch und Mustererklärung,http://ec.europa.eu/enterprise/policies/sme/files/sme_definition/sme-_user_guide_de.pdf, 2006, Abruf am 26.11.2008.

Fritz, W.: Umweltschutz und Unternehmenserfolg. Eine empirische Analyse, in: Die Betriebswirtschaft (DBW), 55. Jg., Heft 3/1995, S. 347-357.

Günterberg, B./Wolter, H.-J.: Unternehmensgrößenstatistik 2001/2002. Daten und Fakten, in: Institut für Mittelstandsforschung Bonn (Hrsg.), IfM-Materialien Nr. 157, Bonn 2003.

Hagenloch, T.: Value Based Management und Discounted Cash Flow-Ansätze. Eine verfahrens- und aufgabenorientierte Einführung, Norderstedt 2007.

Hagenloch, T.: Lebenslanges Entscheiden – Fallstudie zur Entscheidungsfindung bei Risiko, in: Horst, B./Söhnchen, W. (Hrsg.), Wertschöpfung und Supply Chain. Netzwerk - Innovation – Risiko, Aachen 2004a, S. 203-228.

Hagenloch, T.: Entscheidungen unter Unsicherheit – Was sind neue Informationen wert?, in: Das Wirtschaftsstudium (WISU), 33. Jg., Heft 06/2004b, S. 774-780.

Hansmann, K.-W.: Industrielles Management, 7. Auflage, München/Wien 2001.

IG Metall (Hrsg.): Daten , Fakten, Informationen, 37. Auflage, Frankfurt 2008.

Jost, P.-J.: Die Prinzipal-Agenten-Theorie im Unternehmenskontext, in: derselbe (Hrsg.), Die Prinzipal-Agenten-Theorie in der Betriebswirtschaftslehre, Stuttgart 2001, S. 11-43.

Kappler, E.: Management by Objectives, in: Schreyögg, G./Werder, A. von (Hrsg.), Handwörterbuch Unternehmensführung und Organisation, 4. Auflage, Stuttgart 2004, Sp. 772-780.

Schneider, D.: Produktoptimierung und zielorientierte Kostengestaltung mit Conjoint Measurement, in: Zeitschrift für Unternehmensentwicklung und Industrial Engineering (FB/IE), 47 Jg., Heft 1/1998, S. 24-27.

Spremann, K.: Asymmetrische Information, in: Zeitschrift für Betriebswirtschaft (ZfB), 60. Jg., Heft 5/1990, S. 561-586.

Darst. 14: Beispiel für ein Literaturverzeichnis mit abschließender Jahresangabe

3.3   Versicherungen

Unter Versicherungen werden hier der *Sperrvermerk* sowie die *Eidesstattliche Erklärung* verstanden. Der Sperrvermerk ist auf Wunsch des betreuenden Unternehmens anzubringen, die eidesstattliche Erklärung ist Pflichtbestandteil der wissenschaftlichen Arbeit.

3.3.1   Sperrvermerk

Insbesondere an Fachhochschulen verfassen zahlreiche Studenten ihre Abschlussarbeit *in* und *für* Unternehmen. In solchen praxisorientierten Arbeiten lassen sich wissenschaftliche Methoden und praktische Problemstellungen in einem konkreten Projekt miteinander verknüpfen. Hierbei kommt es häufig vor, dass der Student mit sensiblen firmeninternen Daten arbeitet, deren Verbreitung nicht im Interesse des betreuenden Unternehmens ist. Zum Schutz solcher Informationen kann der Praxispartner verlangen, dass die Arbeit mit einem Sperrvermerk versehen wird.

Ein solcher Sperrvermerk stellt sicher, dass die Arbeit für einen bestimmten Zeitraum der breiten Öffentlichkeit nicht zugänglich gemacht wird. Hierzu wird ein Blatt hinter dem Deckblatt eingefügt (ohne Paginierung), das sinngemäß folgenden Wortlaut enthält:

Sperrvermerk

Die vorliegende Arbeit beinhaltet interne vertrauliche Informationen der Firma ABC. Die Weitergabe des Inhalts der Arbeit im Gesamten oder in Teilen sowie das Anfertigen von Kopien oder Abschriften - auch in digitaler Form - sind grundsätzlich untersagt. Ausnahmen bedürfen der schriftlichen Genehmigung der Firma ABC.

Unterschrift   *Unterschrift*   *Unterschrift*
(Student)   *(Praxisbetreuer)*   *(Hochschulbetreuer)*

Darst. 15: Sperrvermerk (Textvorschlag)

3.3.2 Eidesstattliche Erklärung

Bei wissenschaftlichen Abschlussarbeiten (Bachelorarbeiten) ist eine eidestattliche Erklärung vorgeschrieben. Der genaue Wortlaut kann je nach Hochschule variieren. Eine solche Erklärung lautet beispielsweise:

Ich erkläre hiermit an Eides statt, dass ich die vorliegende Arbeit selbstständig und ohne unerlaubte Hilfe Dritter verfasst und keine anderen als die angegebenen Quellen und Hilfsmittel verwendet habe. Alle Stellen, die wörtlich oder sinngemäß aus Veröffentlichungen stammen, sind als solche kenntlich gemacht. Diese Arbeit lag in gleicher oder ähnlicher Weise noch keiner Prüfungsbehörde vor und wurde bisher noch nicht veröffentlicht.

Darst. 16: Eidesstattliche Erklärung (Textvorschlag)

Die Erklärung ist zu datieren und in allen abzugebenden Exemplaren handschriftlich mit Vor- und Nachnamen zu unterzeichnen.

4 Zitierweise und Fußnotengestaltung

4.1 Zitate

Eine wissenschaftliche Arbeit besteht aus der Niederschrift eigener Gedanken, aber auch aus der schriftlichen Übernahme bzw. „Verarbeitung" fremder Überlegungen und Argumentationen. Zu den Grundprinzipien der Wissenschaftlichkeit gehört es, unmittelbar eigene und nicht selbstständig entwickelte Gedanken voneinander abzugrenzen. Zitieren in wissenschaftlichen Arbeiten heißt, geistige Leistungen anderer (Gedanken, Aussagen, Ergebnisse etc.) zu übernehmen, diese nach dem Gebot der Wissenschaftlichkeit als solche auszuweisen und hierdurch von unmittelbar eigenen Reflexionen zu unterscheiden.

Zitate sind die Übernahme von Ausführungen eines Dritten. Solche Ausführungen können **wortwörtlich** oder **sinngemäß** in den eigenen Text übernommen werden. Im ersten Fall handelt es sich um **direkte**, im zweiten Fall um **indirekte** Zitate.

Hinsichtlich der Notwendigkeit, die Erkenntnisse anderer Autoren in die eigene Arbeit zu integrieren, d.h. diese zu zitieren, gibt es mehrere Gründe. Eine wissenschaftliche Arbeit zeichnet sich gerade durch die Wiedergabe unterschiedlicher Auffassungen und Meinungen zu einem Thema aus. Es geht in einem wissenschaftlichen Werk nicht um die Wahrnehmung eines Einzelnen, der gewissermaßen monistisch die Wahrheit proklamiert. Es geht vielmehr darum, unterschiedliche Sichtweisen zu referieren, die Vielfalt der Argumentationen aufzuzeigen und schließlich kritisch Distanz zu nehmen, sich einer Meinung anzuschließen oder die eigene Präferenz darzulegen. Ferner sind aufgestellte Thesen, Behauptungen oder Aussagen in der wissenschaftlichen Arbeit, deren Stichhaltigkeit nicht bzw. nicht allein aus der aufgeführten Argumentation folgt, durch Belege zu stützen. Darüber hinaus ist es ein Grundprinzip des wissenschaftlichen Arbeitens, sämtliche Errungenschaften in der Arbeit, die nicht dem eigenen Gedankengut entsprungen sind (und nicht wissenschaftliches Allgemeingut darstellen) zu zitieren, also durch entsprechende Fundstellen nachzuweisen. Solche Fundstellen von Zitaten werden als Quellen bezeichnet (zum Quellenbeleg in Fußnoten siehe Kap. 4.2).

Nicht jede Quelle ist jedoch *zitierfähig*. Da die Nachprüfbarkeit der in der Arbeit enthaltenen Aussagen und Thesen ein wesentliches Indiz der „Wissenschaftlichkeit" darstellt, müssen die Quellen allgemein zugänglich sein. Nicht veröffentlichte Haus-, Studien-, Bachelorarbeiten sowie Vorlesungs-Manuskripte oder mündliche Auskünfte sind demnach nicht zitierfähig. Darüber hinaus gilt für alle wissenschaftliche Arbeiten, dass nur **qualitativ angemessene Literatur** zitiert wird. Damit ist die Zitierwürdigkeit angesprochen: *zitierwürdig* ist eine (zitierfähige) Quelle nur dann, wenn sie wissenschaftlichen Qualitätskriterien enspricht und somit der wissenschaftlichen Arbeit angemessen ist. Bei Fachbüchern und -zeitschriften besteht grundsätzlich kein Zweifel an der Zitierwürdigkeit. Problematisch ist es hingegen, wenn in einer wissenschaftlichen Arbeit hauptsächlich aus einführenden Lehrbüchern bzw. Kompendien (Propädeutikliteratur) zitiert wird. Solche Einführungsliteratur ist tendenziell für eine unspezifische Aneignung von Grundlagenwissen gedacht, bringt aber für ein eng abgestecktes und spezifisches Seminar- bzw. Bachelorarbeitsthema kaum Erkenntnisgewinne. Unumstritten ist es, dass Zitate aus der Trivialliteratur, Boulevardpresse und Belletristik sowie Firmenbroschüren und Werbematerial nicht angemessen für eine wissenschaftliche Arbeit sind.

Schwieriger ist der Umgang mit Publikumszeitschriften. Während aus dieser Kategorie Illustrierte und Programmzeitschriften sicherlich dozentenunabhängig als Quelle abgelehnt werden, ist die jeweilige Toleranzgrenze des betreuenden Gutachters gefragt, wenn es darum geht, ob Entlehnungen aus Wirtschaftsmagazinen (z.B. Wirtschaftswoche, manager magazin, Handelsblatt, Capital) zugelassen sind oder nicht. Ähnlich problematisch ist die Online-Enzyklopädie Wikipedia, da nicht unbedingt sicher ist, dass die Aussagen wissenschaftlich korrekt sind, und Gutachter daher deren wissenschaftliche Qualität negieren (können). Salomonisch kann mit Heister und Weßler-Poßberg gesagt werden: „Schauen Sie zu Informationszwecken dort nach, suchen Sie nach den Quellen, aber verwenden Sie dann nur die dort angegebene Fachliteratur".[34]

Zur Kennzeichnung fachspezifischer Begriffe sollten fachinterne Lexika bzw. Handwörterbücher oder einschlägige Monografien herangezogen und zitiert werden, und nicht allgemeine Lexika wie beispielsweise der „Brockhaus" (obwohl letzterer grundsätzlich zitierfähig ist). Zudem sollte stets die Originalquelle zitiert werden. Ein Zitat „aus zweiter Hand" (Sekundärzitat), bei dem auf eine zitierende Quelle zurückgegriffen wird, ist nur dann zulässig, wenn die Originalquelle (tatsächlich) nicht oder nur mit unverhältnismäßig hohem Aufwand zugänglich ist.

Die Frage nach einem **quantitativ angemessenen** Rahmen zitierter Literatur für eine Seminar- bzw. Bachelorarbeit kann hier nicht allgemeingültig beantwortet werden. Die konkrete Anzahl der zitierten Titel ergibt sich aus dem adäquaten Ausschöpfen

---

[34] Heister/Weßler-Poßberg 2007, S. 133.

themenrelevanter Literatur und ist u.a. abhängig von der Aktualität und Spezifität des zu bearbeitenden Themas. Grundsätzlich ist auf das oben erwähnte Postulat zu verweisen, wonach fremde Gedanken und Formulierungen ausdrücklich als solche zu kennzeichnen sind. Eine Verletzung dieser Zitierpflicht wird als Verstoß gegen die Wissenschaftlichkeit (Plagiat = Diebstahl geistigen Eigentums) gesehen und die Prüfungsarbeit – zumindest in offensichtlichen Täuschungsfällen – als nicht ausreichend gewertet.[35] Nicht zitierpflichtig ist hingegen generelles und fachliches Allgemeinwissen. Ein zu häufiges, zu langes Zitieren sowie eine unreflektierte Aneinanderreihung von (direkten oder indirekten) Zitaten stellt die Eigenständigkeit der Leistung bzw. die Eigenleistung des Autors in Frage und kann im ungünstigen Fall vom Gutachter als **Kompilation** erachtet werden. Das bedeutet, die Arbeit gleicht einem *unschöpferischem Abschreiben*, ist durch *Zusammentragen unverarbeiteten Stoffes* entstanden und daher *ohne wissenschaftlichen Wert*.[36]

Was unter angemessenem oder wissenschaftsadäquatem Zitieren zu verstehen ist, ergibt sich aus dem oben angesprochenen Spannungsfeld, weder zu sparsam (unterzitieren) noch zu umfangreich (überzitieren) mit Zitaten umzugehen[37]:

- **Unterzitieren:** Eine (zu) spärliche Verwendung von Zitaten in einer wissenschaftlichen Arbeit wird in der Bewertungspraxis häufig als unzureichende Literaturausschöpfung interpretiert und kann u.U. sogar den Vorwurf der Verletzung von Zitierpflichten einbringen.
- **Überzitieren:** Ein Überfrachten der Arbeit mit Zitaten kann dazu führen, dass der Gutachter an der Eigenleistung bzw. der Eigenständigkeit der Leistung zweifelt.

Unter Berücksichtigung der vorstehenden Hinweise wird hier als grobe Orientierung eine Anzahl von mindestens 10 Titeln für eine Seminararbeit und 20 Titeln für eine Bachelorarbeit *als tatsächlich zu zitierende* Quellen empfohlen.

In den folgenden Abschnitten wird auf die unterschiedlichen Zitatformen eingegangen sowie Techniken des Zitierens und der Quellenangabe in Fußnoten besprochen.

---

[35] Standop und Meyer (2008, S. 253 f.) unterscheiden zwischen unbeabsichtigten Plagiaten und absichtlicher Lesertäuschung. Erstere enstehen z.B. durch zu sparsame Literaturhinweise oder ungenaue Quellenzuordnungen, letztere durch die Übernahme fremder Textteile in die eigene Arbeit, ohne dies dem Leser anzuzeigen. Vgl. auch Eco 2005, S. 206 ff.

[36] Vgl. Bänsch/Alewell 2009, S. 10.

[37] Vgl. Karmasin/Ribing 2009, S. 88.

4.1.1 Direkte Zitate

Das direkte Zitat (auch *wörtliches* Zitat genannt) ist die unveränderte Wiedergabe fremder Ausführungen in der eigenen Arbeit.

Direkte Zitate sind grundsätzlich sparsam und nur für Kernaussagen zu verwenden. Wird (zu) häufig mit direkten Zitaten gearbeitet, kann dies vom Prüfer u.U. als eine unzureichende Auseinandersetzung mit fremden Gedanken*gängen* bzw. als Indiz für eigene Formulierungsschwäche interpretiert werden. Die wörtliche Übernahme fremder Ausführungen sollte daher nur dann verwendet werden, wenn es sich um eine originelle Formulierung handelt, die nicht trefflicher ausgedrückt werden kann oder im Einzelfall als Mittel zur Vermeidung von Missverständnissen (Zweideutigkeit, Ungenauigkeit der Aussage) dient.[38]

Bei der Verwendung direkter Zitate sind folgende (Zitier-)Regeln zu beachten:

- Ein direktes Zitat wird **in Anführungszeichen** gesetzt; es soll nicht mehr als zwei bis drei Sätze umfassen.
- Die Wiedergabe des Originaltextes muss buchstaben- und zeichengetreu erfolgen. Das heißt, es erfolgt keine Anpassung an die neue Rechtschreibung, die Zeichensetzung und (grundsätzlich auch) Hervorhebungen werden originalgetreu abgebildet sowie ggf. vorhandene orthografische Fehler übernommen.
- Werden **Veränderungen** an einem direkten Zitat vorgenommen, sind diese durch den Verfasser eindeutig zu kennzeichnen:[39]

  - Offensichtliche **Fehler** im Originaltext sind direkt nach der betreffenden Stelle durch den Hinweis [!] oder alternativ [sic!] (lat.: wirklich so!) zu kennzeichnen.

    Beispiel: „Diese Überlegungen zeigen, das [sic!] die getroffene Annahme plausibel ist".

  - **Auslassungen** innerhalb eines Zitats (Ellipsen) werden durch Punkte verdeutlicht: Wird beim Zitieren lediglich ein Wort ausgelassen, sind an der betreffenden Stelle zwei Punkte „.." zu setzen; werden mehrere Wörter ausgelassen, dann wird dies durch die Einfügung von drei Punkten „..."

---

[38] Vgl. Ebster/Stalzer 2008, S. 84.
[39] Vgl. zum folgenden Abschnitt Preißner 1998, S.101.

vermerkt. Eine Kennzeichnung mit Auslassungspunkten erfolgt hingegen nicht bei Auslassungen zu Beginn und am Ende des Zitats! Dies gilt ebenso, wenn ein Zitat in den eigenen Satz integriert und hierbei Anfang bzw. Ende des zitierten Satzes weggelassen wird.

Beispiele: „Eine wesentliche Zielsetzung des Investor Relations ist es, … eine langfristige Bindung der Kapitalgeber an das Unternehmen zu erreichen". Bei einer wertorientierten Unternehmenssteuerung wird langfristigen Zahlungsströmen und somit „der zukünftigen finanziellen Leistungsfähigkeit des Unternehmens" eine wesentliche Bedeutung beigemessen.

Auslassungen können die Aussage des Originaltextes schnell verändern und den Argumentationszusammenhang verfälschen. Sinnentstellende Zitatkürzungen sind nach den Regeln des direkten Zitierens unzulässig. Im Umgang mit Auslassungen ist daher besondere Sorgfalt geboten!

- Werden *in der eigenen Arbeit* einzelne Wörter oder bestimmte Passagen des zitierten Textes **hervorgehoben** (z.B. Kursiv- oder Fettdruck), ist darauf im Zitat durch den eingeklammerten Zusatz [Herv. durch Verf.] oder [Herv. nicht im Original] hinzuweisen.[40]

Beispiel: „Solche **Experimente** [Herv. durch Verf.] sind für die wissenschaftliche Forschung besonders aufschlussreich".

- Wird eine im Original bestehende **Hervorhebung** ausnahmsweise nicht übernommen, ist dies analog durch einen Hinweis wie etwa [im Original hervorgehoben] oder [im Original kursiv] zu vermerken.
- Enthält der zitierte Text selbst ein wörtliches Zitat (= Zitat im Zitat), wird dieses in einfache Anführungstriche ('…') gesetzt.
- **Zusätze oder Ergänzungen** (Interpolationen) können aus stilistischen Gründen erforderlich sein oder um das Zitat grammatikalisch korrekt in eine eigene Satzformulierung zu integrieren. Zuweilen ist ein Zitat ohne Erläuterung z.B. allein schon deshalb unverständlich, da beim zitierten Text auf ein Subjekt des vorhergehenden Satzes Bezug genommen wird. Die sprachlichen Anpassungen sind eckig einzuklammern und mit den Initialien des (ändernden) Autors oder dem Hinweis „Anm. d. Verf." (= Anmerkung des Verfassers) zu versehen.

---

[40] Herv. = Hervorhebung; Verf. = Verfasser

Beispiele: „Diese [Analysemethode, T.H.] kann helfen, die Zusammenhänge aufzu-decken". „Sie [die Strategie der Kostenführerschaft, Anm. d. Verf.] zielt darauf ab, die Wettbewerbsfähigkeit von Unternehmen zu erhöhen".

4.1.2 Indirekte Zitate

Das indirekte Zitat (auch *sinngemäßes* Zitat genannt) ist eine sinngemäß wiedergegebene Textpassage eines fremden Autors. Die Ausführungen anderer Autoren werden im Unterschied zu direkten Zitaten nicht originalgetreu übernommen, sondern fließen in eigene Formulierungen ein. Diese sind allerdings *tatsächlich* vorzu-nehmen, d.h. der zitierte Gedanke ist erkennbar mit eigenen Worten zu beschreiben und nicht etwa lediglich durch eine Umgestaltung des Satzbaus der zitierten Passage wiederzugeben. Die freie Übertragung fremder Gedanken in die eigene Argumentation erfordert somit eine hohe Formulierungsleistung und gibt zugleich Auskunft über das Verständnis des Verfassers. Sinngemäße Zitate (nicht direkte Zitate!) sollten daher die Regel in einer wissenschaftlichen Arbeit sein.

Formal gilt, dass indirekte Zitate nicht in Anführungszeichen gesetzt werden. Der Umfang der sinngemäßen Übernahme muss dennoch stets eindeutig erkennbar sein; dies erfolgt – ebenso wie bei direkten Zitaten – durch das Setzen bzw. Zuordnen von Fußnoten(-zeichen), dessen Technik im Folgenden ausführlich beschrieben wird.

4.2 Zitiertechnik in Fußnoten

Fußnoten enthalten Hinweise, die im Text den Lesefluss stören würden; sie erfüllen i.R. von wissenschaftlichen Arbeiten hauptsächlich folgende Funktionen:[41]

- *Quellenangaben* der im Text gekennzeichneten Zitate
- *Inhaltliche Verweise (Querverweise)*
- *Sachliche Anmerkungen* (Zusatzinformationen, Erklärungen) des Verfassers

Quellenvermerke für Darstellungen erfolgen hingegen nicht in Fußnoten; diese stehen unmittelbar unterhalb der entsprechenden Darstellungsbezeichnung (Kap. 3.2.3.2).

---

[41] Vgl. Rossig/Prätsch 2008, S. 154.

4.2.1 Formale Hinweise zur Fußnotengestaltung

- Fußnoten werden durch hochgestellte arabische Ziffern bezeichnet (Fußnotenzeichen) und über die gesamte Arbeit fortlaufend nummeriert. Das Fußnotenzeichen verbindet den Text der Arbeit mit der Fußnote. Es wird an derjenigen Textstelle positioniert, die durch die Fußnote (mit gleicher Ziffer) erläutert werden soll.
- Fußnoten stehen am Seitenende; Endnoten (am Ende des Dokumentes) anstelle von Fußnoten sind nicht zulässig. Der Dokumententext wird vom Fußnotentext durch eine Fußnotentrennlinie abgegrenzt.
- Der Fußnotentext beginnt (wie an einem Satzanfang üblich) mit Großschreibung und endet mit einem Punkt. Fußnotentexte werden ein Punkt kleiner gesetzt als die Schriftgröße im laufenden Text.
- Fußnotentexte werden einzeilig geschrieben; das kennzeichnende Fußnotenzeichen wird vorangestellt.

Die Formatierung der Fußnoten erfolgt in modernen Textverarbeitungsprogrammen i.d.R. automatisch. So bietet z.B. Microsoft® Office Word 2003 über die Auswahl in der Menüleiste: **Einfügen – Referenz – Fußnote** eine entsprechende Funktion für die Fußnotenerstellung an. Zur Umsetzung der vorstehenden Formvorschriften ist darauf zu achten, dass folgende Einstellungen gesetzt sind:

Fußnoten:	Seitenende
Zahlenformat:	1, 2, 3, …
Beginnen bei:	1
Nummerierung:	Fortlaufend

Microsoft® Office Word 2003 trennt den Dokumententext vom Fußnotentext durch eine kurze horizontale Linie. Eine benutzerspezifische Änderung dieser Fußnotentrennlinie ist nicht vorzunehmen!

4.2.2 Zuordnung von Fußnoten(-zeichen)

- Bei *direkten* Zitaten erfolgt die Platzierung des Fußnotenzeichens unmittelbar nach dem zitierten Text.
- Das Fußnotenzeichen steht bei *indirekten* Zitaten stets am Zitatende, d.h. hinter dem abschließenden Satzzeichen des Satzes bzw. des Abschnitts, der sich auf den

zitierten Sachverhalt bezieht. Die Platzierung von Fußnotenzeichen hinter einer Kapitelüberschrift ist nicht zulässig.

- Der Umfang des Zitates muss eindeutig erkennbar sein. Insbesondere bei längeren indirekten Zitaten wird empfohlen, das Zitat durch einen zusätzlichen Hinweis abzugrenzen. Dies kann im Text erfolgen, indem z.B. vor dem Fußnotenzeichen ein entsprechender Hinweis auf den zitierten Autor gegeben wird (z.B. „Der folgende Abschnitt bezieht sich auf …, ist angelehnt an …, stützt sich auf …"). Alternativ kann die Zitatstelle durch Setzung des Fußnotenzeichens (vor oder nach der betreffenden Passage) mit einen entsprechenden Hinweis im Fußnotentext kenntlich gemacht werden.

- Werden Fußnoten für *Querverweise* bzw. *Anmerkungen* eingesetzt (Kap. 4.2.4) steht das Fußnotenzeichen am Ende des Satzes, auf den sich der Querverweis bzw. die Anmerkung bezieht.

4.2.3 Quellenangaben in Fußnoten

Als Grundformen der Quellenangaben in Fußnoten lassen sich der **Vollbeleg** und der **Kurzbeleg** unterscheiden:

Beim **Vollbeleg** werden in der Fußnote die vollständigen bibliografischen Daten der zitierten Quelle angeführt. Der **Kurzbeleg** enthält in der Fußnotenangabe hingegen eine verkürzte Quellenangabe. Da ein Literaturverzeichnis als erforderlicher Bestandteil einer Seminar- bzw. Bachelorarbeit vorausgesetzt wird und dieses bereits die Informationen über die verwendete Literatur vollständig abbildet (siehe Kap. 3.2.6), wird für die wissenschaftliche Arbeit der **Kurzbeleg** empfohlen. Die weiteren Ausführungen beschäftigen sich demgemäß nur mit den Regeln der Kurzzitierweise.

Zitate werden in Fußnoten nach folgendem Grundmuster belegt:

Direktes Zitat	Indirektes Zitat
Name Jahr, Seitenangabe	Vgl. Name Jahr, Seitenangabe

Darst. 17: Fußnotenbeleg (Variante 1)

In der Literatur werden zahlreiche Varianten des Fußnotenbelegs von Zitaten diskutiert, die kleinere syntaktische Abweichungen von dem dargestellten Grundmuster enthalten. So sind bei dem hier vorgeschlagenen reinen Kurzbeleg u.a. auch folgende Zitierschemata zulässig.[42]

Direktes Zitat	Indirektes Zitat
Name (Jahr), Seitenangabe	Vgl. Name (Jahr), Seitenangabe
Name, Jahr, Seitenangabe	Vgl. Name, Jahr, Seitenangabe

Darst. 18: Fußnotenbeleg (Variante 2)

Die gewählte Zitiertechnik ist innerhalb der Arbeit beizubehalten. Es ist auf jeden Fall darauf zu achten, dass indirekte Zitate in der Fußnote stets mit einem einführenden „Vgl.", direkte Zitate hingegen ohne diesem vorangestellten Zusatz belegt werden!

Bei der hier dargestellten und empfohlenen Zitierform handelt es sich um den reinen Kurzbeleg. Zum Teil wird in der Literatur auch der sog. „erweiterte Kurzbeleg" bevorzugt, der zusätzlich einen vom Verfasser selbst festzulegenden Kurztitel der Literaturquelle („Titelstichwort") vorsieht.[43]

Ein reiner Kurzbeleg im Text (Harvard-Zitierweise) ist in wissenschaftlichen Arbeiten nicht erwünscht!

Dem Zweck einer platzschonenden Kurzzitierweise folgend, wird – abweichend zur Darstellung im Literaturverzeichnis – in der Fußnote üblicherweise auf die Angabe von Autorenvornamen verzichtet. Zur Absicherung der eigenen Arbeit sind aber grundsätzlich dozentenspezifische Gewohnheiten bzw. spezifische Zitierrichtlinien des Fachbereichs zu beachten.

Hinsichtlich der (weiteren) **Verfasser - bzw. Autorenkennzeichnung** in Fußnoten gelten prinzipiell die bereits für das Literaturverzeichnis aufgestellten Gestaltungs-

---

[42] Vgl. Karmasin/Ribing 2009, S. 94.

[43] Während in der Literatur weitgehend Übereinstimmung hinsichtlich der Verwendung der Kurzzitierweise besteht, gehen die Empfehlungen zum Umfang des Kurzbelegs auseinander. So erachten z.B. Bänsch/Alewell (2009, S. 60 f.) und Rössl (2008, S. 156) - wie in diesem Buch - die Nennung von Name und Jahr als ausreichende Quelleninformation. Theisen (2008, S.144), Preißner (1998, S. 98) sowie Rossig/Prätsch (2008, S. 158) schlagen hingegen eine erweiterte Form vor, die zusätzlich einen Kurztitel bzw. (Titel-)Stichwort umfasst.

hinweise. Zwei bzw. drei Autoren werden durch Schrägstrich getrennt; bei mehr als drei Autoren wird nur der erste Verfasser mit den Zusatz „u.a." bzw. „et alii" genannt.

Eine Angabe von akademischen Titeln bzw. Graden erfolgt nicht. Schriften ohne Herausgeber- bzw. Verfasserangabe werden unter der Bezeichnung „o. V." notiert. Werke von Institutionen ohne erkennbaren Verfasser bzw. Herausgeber werden unter der Institution erfasst. Werden mehrere Werke eines Verfassers zitiert, die in einem Jahr erschienen sind, ist dies durch den Zusatz kleiner lateinischer Buchstaben nach der Jahreszahl kenntlich zu machen. Fehlt bei einer Quelle die Jahresangabe, wird dies durch „o.J." dokumentiert.

Eine korrekte Angabe der Zitatstelle(n) in Fußnoten erfordert zudem die Beachtung folgender formaler Regeln und Hinweise:

- Fundstellen in der Literatur, die in der eigenen Arbeit direkt oder indirekt zitiert werden, müssen in der Fußnote mit korrekten Seitenangaben versehen werden, damit der Leser/Gutachter den zitierten Sachverhalt oder Gedankengang wiederfindet bzw. nachvollziehen kann:

  - Zitatstellen, die sich auf einen Tatbestand innerhalb einer Seite der Literaturquelle beziehen, sind durch die konkrete Seitenzahl nachzuweisen.
  - Erstreckt sich die Zitierstelle hingegen auf zwei aufeinander folgende Seiten, wird die erste Seite mit dem Zusatz „f." (= folgende [Seite]) angegeben. Bezieht sich das Zitat auf mehr als zwei Seiten der Literaturquelle, wird dies durch den Zusatz „ff." (= folgende [Seiten]) kenntlich gemacht.

  > Endet eine Fußnote mit „f." oder „ff." gilt der Punkt als Satzabschluss!

  - Ist der Sachverhalt, auf den sich das (indirekte) Zitat bezieht, auf mehreren Seiten der Literaturquelle verstreut, sind die relevanten Seiten durch „und" oder durch Kommata zu verbinden; der früher teilweise anzutreffende Fußnotenvermerk „pass." (passim = da und dort, zerstreut) ist nicht zu verwenden.[44]
  - Sekundärzitate sind als solche in der Fußnote durch den Hinweis: **zit. nach** bzw. **zitiert nach** zu verdeutlichen.

---

[44] Vgl. Stickel-Wolf/Wolf 2009, S. 234; anderer Meinung ist Schenk 2005, S. 88.

- Werden in einer Fußnote mehrere Schriften verschiedener Autoren belegt, sind diese jeweils durch ein Semikolon zu trennen.
- Auch bei wiederholter Zitation eines Werkes ist das oben angeführte Zitations-schema einzuhalten. Die früher z.T. verbreiteten Platzhalter „a.a.O." (= am angegebenen Ort) oder „ebd." (= ebenda) sind nicht zu verwenden, damit dem Leser unnötiges Zurückblättern bei der Suche nach der Quellenangabe erspart bleibt!

Darstellung 19 fasst verschiedene Darstellungsformen der Quellenangabe zusammen:

Quellenangaben für Zitate in Fußnoten

- Indirekte Zitate werden mit „Vgl." eingeleitet
  Beispiel: [2] Vgl. Müller 2008, S. 20.

- Direkte Zitate beginnen ohne vorangestelltem Zusatz
  Beispiel: [2] Müller 2008, S. 20.

- Sekundärzitate sind durch „zit. nach" bzw. „zitiert nach" zu kennzeichnen
  Beispiel: [2] Vgl. Fischer 2002, S. 5, zit. nach Müller 2008, S. 15.

Darst. 19: Darstellungsformen der Quellenangabe in Fußnoten

Quellenangaben für Darstellungen stehen hingegen nicht in einer Fußnote, sondern direkt unter der Tabelle. Sie werden mit dem Wort „Quelle:" eingeleitet (siehe Kap. 3.2.3.2).

4.2.4 Querverweise und Anmerkungen

Fußnotenvermerke können in einer wissenschaftlichen Arbeit auch dazu genutzt werden, um auf Stellen in der eigenen Arbeit oder auf die Meinungen weiterer Autoren hinzuwiesen (Querverweise). Darüber hinaus können Fußnoten ergänzende Hinweise und Erläuterungen enthalten (Anmerkungen).

- **Querverweise** können als Vor- bzw. Rückverweis oder in Form von Mehrfachbelegen angelegt sein. **Vor- bzw. Rückverweise** beziehen sich auf bestimmte Aspekte in der eigenen Arbeit, die bereits an früherer Stelle behandelt wurden oder im weiteren Verlauf wieder aufgenommen werden. Der Einsatz von Vor- bzw. Rückverweisen hilft, um unötige Wiederholungen im Text zu vermeiden. Er sollte aber nur vereinzelt erforderlich sein, da sonst u.U. die Gliederung des Gesamtwerkes in Frage gezogen werden kann. **Mehrfachbelege** dienen zur Untermauerung der eigenen Argumentation oder auch um andere Auffassungen in der Literatur anzugeben.

Ein *gezielter* Einsatz derartiger Querverweise zeigt, dass die Argumentationskette des Verfassers bewusst gewählt wurde, indem sie sich einer bestimmten Literaturmeinung anschließt bzw. gegenüber anderslautender Auffassungen abgrenzt. In der Fußnote kann der Querverweis u.a. in folgenden Formen erfolgen:

> „Vgl. dazu …"; „Vgl. auch …"; „Vgl. ähnlich …"; „Ähnlicher Auffassung ist …"; „Siehe auch …"; „Anderer Meinung ist …"; „Vgl. zu einer anderen Auffassung …"

Formulierungen im Text wie etwa: „ … wird in der Literatur kontrovers diskutiert" oder „ … besteht in der Literatur weitgehende Übereinstimmung" **erfordern** eine Untermauerung durch einen Mehrfachbeleg in der Fußnote!

- **Anmerkungen** (in der Fußnote) sind Zusatzinformationen, d. h. Ergänzungen oder vertiefende Erläuterungen zu einzelnen Punkten, die für das Textverständnis lediglich eine nebensächliche Bedeutung haben. Im Umgang mit Anmerkungen ist Folgendes zu beachten:[45]

---

[45] Vgl. Rossig/Prätsch 2008, S. 152.

- Der laufende Text und die dort geführte Argumentation müssen auch ohne Anmerkungen lückenlos verständlich sein.
- Anmerkungen sind kurz zu halten. Sie dürfen nur solche Zusatzinformationen enthalten, die (im Text) den eigentlichen Gedankengang unterbrechen und damit den Lesefluss stören (würden), dennoch aber für den Gesamtzusammenhang eine gewisse Bedeutung haben.

Grundsätzlich gilt, dass wichtige Ausführungen in den Text, unwichtige hingegen nicht in die wissenschaftliche Arbeit gehören. Die Verwendung von Anmerkungen ist daher nur im plausiblen Einzelfall zu empfehlen!

4.3   Zitierabkürzungen

Nachfolgende Zusammenstellung zeigt einige geläufige Zitierabkürzungen in Fußnoten bzw. bei der bibliografischen Dokumentation von zitierten Quellen im Literaturverzeichnis. Sie können als allgemein bekannt vorausgesetzt werden und sind deshalb nicht in das Abkürzungsverzeichnis aufzunehmen.

Früher (zusätzlich) verbreitete Abkürzungen sind separat aufgeführt. Die Aufnahme erfolgt lediglich aus informativen Zwecken (z.B. für die Lektüre älterer Schriften), eine Verwendung in aktuellen Seminar- und Bachelorarbeiten ist nicht mehr üblich.

Bibliografische Abkürzungen (heute gängig)

Aufl.	= Auflage
Bd.	= Band
et al.	= et alii (und andere [Autoren])
f.	= folgende [Seite]
ff.	= folgende [Seiten]
Forts.	= Fortsetzung
H.	= Heft
Hrsg. (oder Hg.)	= Herausgeber
hrsg. v.	= herausgegeben von
Jg.	= Jahrgang
Nr.	= Nummer
o.J.	= ohne Jahr
o.O.	= ohne Ort
o.V.	= ohne Verfasser
s.	= siehe
S.	= Seite
Sp.	= Spalte
u.a.	= und andere (Autoren oder Verlagsorte)
Verf.	= Verfasser
vgl.	= vergleiche
zit. nach	= zitiert nach

Bibliografische Abkürzungen (früher zusätzlich verbreitet)

a.a.O.	= am angeführten Ort
ebd.	= ebenda
ibd.	= ibidem (ebenda)
l.c.	= loco citato (an der angeführten Stelle)
pass.	= passim (da und dort; zerstreut)

Darst. 20: Zitierabkürzungen

5 Sprache und Stil wissenschaftlicher Arbeiten

Für jede wissenschaftliche Arbeit gilt, dass die allgemeinen Regeln der verwendeten Sprache einzuhalten sind. Hiervon betroffen sind die

- Rechtschreibung,
- Zeichensetzung und
- Grammatik.

Die Nichteinhaltung dieser Regeln kann auf dem Bewertungskatalog des Gutachters stehen und somit unmittelbar zu einer Abwertung der Arbeit führen. Wiederholte Verstöße gegen die Sprachregeln können zudem Unklarheiten und inhaltliche Verfälschungen verursachen und sich damit indirekt auf die Bewertung der Arbeit auswirken. Grundsätzlich soll wissenschaftliches Arbeiten Sorgfalt erkennen lassen. Wiederholte sprachliche Nachlässigkeiten können zur Verstimmung des Lesers (hier: des Gutachters!) führen; sie vermitteln den Eindruck von Oberflächlichkeit, was sich i.d.R. ebenfalls negativ auf die Bewertung der Arbeit niederschlägt. Um sprachliche Fehler (möglichst) zu vermeiden, ist jedem Schreiber wissenschaftlicher Arbeiten daher dringend zu empfehlen, im Zweifelsfall in geeigneten Nachschlagewerken nach-zuschauen.[46]

Neben dieser orthografischen Grundanforderung an jeden geschriebenen Text, gibt es auch einige **stilistische** Besonderheiten wissenschaftlicher Arbeiten, die kaum durch Regeln und Konventionen festgelegt sind. Wesentlich für eine wissenschaftliche Arbeit ist es, dass sie durch eine *klare*, *sachliche* und *präzise Sprache* geprägt ist. Es ist auf eine anschauliche, aussagefähige und prägnante Ausdrucksweise zu achten. Ferner sollen exakte Formulierungen von vornherein missverständliche Interpretationen ver-hindern.

> „Jargon, oft kombiniert mit Bandwurmsätzen und Hauptwörterei, vertuscht die Plattheit eines Arguments, verhindert, dass man dieses überhaupt versteht, lähmt so die mögliche Kritik und verspricht zugleich eine geistige Tiefe, die nicht vorhanden ist."[47]

---

[46] Hierzu gehören zumindest: DUDEN Bd. 1: Rechtschreibung sowie DUDEN Bd. 4: Grammatik; jeweils in der aktuellen Auflage.

[47] Krämer 1999, S. 159.

Die Ansprüche an den wissenschaftlichen Schreibstil („wissenschaftsadäquate Ausdrucksweise") lassen sich wie folgt konkretisieren:[48]

- Beim **Satzbau** ist auf eine Verwendung einfacher kurzer Sätze zu achten. Lange und verschachtelte Sätze hemmen den Lesefluss und das Textverständnis.

- Die in den einzelnen Wissenschaftsdisziplinen entwickelten typischen Fachausdrücke bezeichnen die spezifischen Tatbestände in kurzer und eindeutiger Form. Eine sachgerechte **Fachsprachennutzung** erleichtert daher eine präzise und klare Ausdrucksweise und zeigt, dass der Verfasser im Umgang mit der Fachterminologie vertraut ist.

- **Fremdwörter** sind als Fachausdrücke zulässig. Zur besseren Leseorientierung wird aber eine sparsame Verwendung von Fremdwörtern als *termini technici* empfohlen. Der Einsatz des üblichen Fachausdrucks der in der Arbeit verwendeten Sprache hat Vorrang. Im allgemeinsprachlichen Bereich sollten Fremdwörter nur dann verwendet werden, wenn sie eine sprachliche Vereinfachung darstellen und der Autor sich ihres Sinnes sicher ist. Von dem Versuch, mit Fremdwörter Wissenschaftlichkeit zu bewirken, wird abgeraten.

- **Umgangsprachliche Wendungen,** saloppe Formulierungen (Jargon) und eine an der Umgangssprache orientierte „journalistische" Ausdrucksweise („journalistischer Stil") gehören nicht in einen wissenschaflichen Text. Auch Andeutungen, Witze und emotionale Argumentationen erfüllen nicht das Kriterium der Sachlichkeit und sind in wissenschaftlichen Arbeiten zu unterlassen.

- **Fachjargon und Modewörter** sind in wissenschaftlichen Texten ebenfalls zu vermeiden. Fachjargon und unnötiger Anglizismus wie „Tools", „Clients" „Updating" oder „Human Interface" erhöhen nicht die Qualität der Arbeit, sondern wirken eher befremdlich. Besonders einprägsame und abschreckende Beispiele finden sich bei Krämer, der aus einer deutschen Bankbroschüre zitiert. Dort ist unter der Überschrift „Delta-Hedging im Market-Making" über „implizite Volatilitäten", Maximierung von „Performance" und fundiertem „In-House-Research" zu lesen.[49]

---

[48] Vgl. zu diesem Abschnitt auch die weiter gehenden Ausführungen bei Bänsch/Alewell 2009, Kap. V und Rossig/Prätsch 2008, Kap. 8.

[49] Nach Krämer 1999, S. 158; weitere exzentrische Beispiele liefert Kornmeier 2010, S. 220 f.

- Die Verwendung der **ich-/wir-/man-Form** wird nach der hier vertretenen Auffassung in wissenschaftlichen Arbeiten abgelehnt.[50] Um die eigene Sichtweise auszudrücken, sind beispielsweise anstatt der Aussage *„Ich möchte hinzufügen ...“* Formulierungen wie *„Dem ist hinzuzufügen ...“* oder *„Hierzu ist festzuhalten ...“* zu verwenden. Grundsätzlich abzulehnen ist das anonyme „es“, das nichtssagende „man“ sowie „wir“-Floskeln wie *„Wir kommen zu dem Schluss ...“* oder *„Wir betrachten nun ...“*.

- In wissenschaftlichen Arbeiten ebenfalls zu vermeiden sind inhaltsleere **Füllwörter, Pseudo-Argumente/Allgemeinplätze, Angstwörter** und **Übertreibungen:**[51]

Ausdrucksweise	Wortbeispiel	Satzbeispiel
Füllwort	halt, quasi, freilich, dabei, ja, nun, jetzt	„Nach Behandlung des ..., wird nun ... dargestellt"
Pseudo-Argument/ Allgemeinplatz	natürlich, selbstverständlich, wie gesagt	„Daraus folgt selbstverständlich..." „es ist offensichtlich ..."; „wie allgemein bekannt/leicht ersichtlich ..."
Angstwort	wohl, gewissermaßen, an und für sich, fast, irgendwie	„Es ist wohl anzunehmen ...", „An und für sich ist davon auszugehen ..."
Übertreibung	enorm, immens, unglaublich, erheblich, unfassbar	„Daraus entstand eine immense Kostensteigerung/enorme Einsparung"

Darst. 21: Beispiele für stilistische Fehlleistungen

Zudem ist vom Gebrauch von **Pleonasmen** und **Tautologien** abzusehen:[52]

Bsp. Pleonasmus: das einzelne Individum, wieder von Neuem, alter Greis, neu renovieren, nochmals überprüfen, zusammenaddieren, nachrecherchieren, durchkalkulieren

Bsp. Tautologien: einzig und allein, immer und ewig, nie und nimmer, voll und ganz

---

[50] Ähnlich Rossig/Prätsch 2008, S. 172; weniger streng: Stickel-Wolf/Wolf 2009, S. 227.

[51] Vgl. ähnlich Kricsfalussy 1994, S. 19. Weitere anschauliche Beispiele für nichtssagende Floskeln und Satzhülsen findet der interessierte Leser bei Disterer 2009, S. 42 f.

[52] *Pleonasmus:* Überflüssige Häufung sinngleicher bzw. -ähnlicher Begriffe; auch pleonastische Verbzusätze. *Tautologien:* Ausdrucksverstärkung durch sinnverwandte Wort-Wiederholung (Paarformeln). Vgl. ausführlich zu pleonastischen Verben bzw. Verben mit unnötigen Vorsilben (wie z.B. *vor*programmieren, *vor*warnen, *ab*ändern) Kornmeier 2010, S. 176 f.

Eine weitere wesentliche Anforderung an eine wissenschaftliche Arbeit betrifft die (1) *terminologische* und (2) *inhaltliche* Abgrenzung:

(1) Verwendete Begriffe, die für das Verständnis wesentlich sind und unterschiedlich interpretiert werden können, bedürfen der Klärung und Abgrenzung (Begriffsklarheit). Begriffsinhalte, die als Hauptbestandteil der Themenbearbeitung erscheinen, sind im Grundlagenteil der Arbeit und ggf. in einem separaten Kapitel (z.B. „Definition und Abgrenzung problembezogener Begriffe") offenzulegen. Begriffe, die (erst) im weiteren Verlauf der Arbeit relevant werden, sind in dem entsprechenden Kapitel zu definieren. In der Literatur werden einzelne Begriffe häufig unterschiedlich definiert; wie z.B. die Begriffe „Planung", „Controlling" und „Organisation". Soweit es der problemadäquaten Begriffsabgrenzung der eigenen Arbeit dient (u.U. deswegen, weil vorgefundene Definitionen stark voneinander abweichen), können die unterschiedlichen Begriffsinhalte im Text aufgeführt werden. Alternativ zeigt auch ein Hinweis in der Fußnote, dass die verwendete Begriffsdefinition unter Berücksichtigung relevanter Literatur und deren Auswertung erfolgt ist (z.B. durch den Hinweis in der Fußnote: *anderer Auffassung ...; ähnlich ....*). Die einmal vorgenommene terminologische Abgrenzung ist im Verlauf der Arbeit ausnahmslos beizubehalten.

(2) Der konstituierende Bestandteil einer wissenschaftlichen Arbeit ist die zu bearbeitende Problemstellung. Die von der Problemstellung ausgehenden Fragestellungen mit ihren jeweils möglichen Lösungsansätzen sind allerdings i.d.R. so vielfältig und facettenreich, dass sie in ihrer Gesamtheit nicht innerhalb einer Arbeit abgedeckt werden können. Um der Gefahr einer oberflächlich-vordergründigen Themenbearbeitung zu entgehen, die zu dem (Gutachter-)Vorwurf der „Schlagwort-Nutzung" oder paraphrastisch: „Alles wird angesprochen, nichts erklärt!" führen kann, ist eine inhaltliche Abgrenzung vorzunehmen, in der die Problemstellung sinnvoll eingegrenzt und der Fragenkomplex auf Schwerpunkte eingeschränkt wird. Die vorgenommene Abgrenzung muss plausibel begründet werden, damit der Leser versteht, welcher Fragestellung (warum) nachgegangen wird und welche Fragen nicht zum Gegenstand der Arbeit gemacht werden. Es bietet sich an, den Ablauf der wissenschaftlichen Arbeit – also auch die inhaltliche Abgrenzung – in einem gesonderten Gliederungspunkt (z.B. „Gang der Untersuchung") aufzuführen.

Beispiel:
Im Rahmen einer Seminar- bzw. Bachelorarbeit den Einsatz und die Grenzen des Controlling abzuarbeiten, ist kaum zu handhaben. Hingegen ist es nach einer problemadäquaten Begriffsdefinition durchaus sinnvoll, zunächst die Einsatznotwendigkeit des Controlling in mittelständischen Unternehmen zu hinterfragen (gestützt z.B. anhand vorliegender Studien bzw.

empirischer Erhebungen). Daran anschließend können dann größenspezifische Grenzen aufgezeigt und Vorschläge für eine Einführung jeweils geeigneter Controllinginstrumente präsentiert werden (also keine Darstellung des gesamten Instrumenten-„Baukasten" des Controlling). Wie sich Probleminhalte und Fragestellungen sinnvoll reduziert lassen, zeigt auch folgende Problemvariation, die sich exemplarisch mit den Koordinationsinstrumenten der Unternehmensführung auseinandersetzt: Die Thematik kann entweder entscheidungsorientiert aufgebaut werden, wodurch die strategieorientierte Koordination mittels Planung/Entscheidung/Kontrolle im Vordergrund steht und sodann Personalführung sowie Organisation keine wesentliche Rolle spielen. Soll hingegen die Willensdurchsetzung durch „Struktur" in den Vordergrund der Problemstellung gerückt werden, ist eine schwerpunktmäßige Betrachtung organisatorischer Regelungen (d.h. Organisation im instrumentellen Sinn!) geeignet. Die Betrachtung der „Kultur" als Instrument der Führung fokussiert wiederum die personale Führung, betrifft somit weniger die Organisationsproblematik und kann auf die Entscheidungstheorie (weitgehend) verzichten.

Im Hin- und Rückblick auf die in der Einleitung dargestellten grundsätzlichen Kriterien wissenschaftlichen Arbeitens („Wissenschaftlichkeit") ist ferner zu beachten, dass Behauptungen und aufgestellte Thesen durch Fakten oder Begründungen zu untermauern bzw. durch wissenschaftliche Literatur zu stützen sind (Spekulationen sind in einer wissenschaftlichen Arbeit fehl am Platz). Die verwendeten Quellen sind kenntlich zu machen (Fußnote) und lückenlos zu dokumentieren (Literaturverzeichnis).

6 Inhaltliche Gestaltung und Aufbau der Arbeit

Eine wissenschaftliche Arbeit zeichnet sich durch eine enge Orientierung am zu bearbeitenden Thema aus. Überlange Einführungen, Wiederholungen und Abschweifungen sind zu vermeiden. Der themengeleitete Aufbau der Arbeit wird grundsätzlich durch eine problemadäquate **Gliederung** erreicht, die für den verbindenden „roten Faden" der Gesamtabfassung sorgt (Kap. 3.2.1). Im Textteil sind die einzelnen Gliederungspunkte - im Umfang ihrer Bedeutung entsprechend - zu behandeln. Die Textstruktur einer wissenschaftlichen Arbeit besteht aus den drei Hauptabschnitten:[53]

Einleitung(-steil)	Hauptteil	Schluss(teil)

In der **Einleitung** erfolgt die Darstellung des Themas und seiner Bedeutung. Bei Arbeiten, die in Zusammenarbeit mit einem Praxispartner entstanden sind, ist in der Einleitung auf das Praxisunternehmen einzugehen und die Bedeutung des Themas aus Sicht des Unternehmens darzulegen. Dem Leser soll vermittelt werden, worin das Ziel der Arbeit besteht und in welchen Schritten die Problemstellung konzeptionell aufgearbeitet bzw. analysiert und gelöst wird. Für die Leseorientierung ist es hierbei vorteilhaft, wenn Aufbau und Argumentationsfolge überblicksartig dargestellt sowie der Gang der Untersuchung aufgezeigt wird.

Der **Hauptteil** ist das Kernstück der wissenschaftlichen Arbeit. Hier ist das Thema anhand aktueller Literatur aufzuarbeiten und zu diskutieren. Bei komplexen Sachverhalten erweist es sich als geeignet, zunächst einen Gesamtüberblick zu geben und dann eine (begründete) Eingrenzung vorzunehmen. Die problembezogenen Begriffe sind zu definieren und abzugrenzen. Definitionen und Abgrenzungen von Begriffen, die für die gesamte Arbeit von Bedeutung sind, sind am Anfang der Arbeit zu behandeln. Begriffe, die nur in einzelnen Abschnitten relevant sind, werden in den entsprechenden Kapiteln definiert und abgegrenzt. Bestehen zu themenrelevanten Punkten in der Literatur unterschiedliche Meinungen, sind die Hauptpositionen und wesentlichen Argumentationslinien darzustellen und zu diskutieren. Die einzelnen Kapitel und Abschnitte sind durch geeignete Übergänge so zu verbinden, dass der logische innere Zusammenhang erkennbar wird. Wiederholungen einzelner Ausführungen bzw. zahlreiche Überschneidungen sind aber unbedingt zu vermeiden. Es wird davon abgeraten, (v.a. in Bachelorarbeiten) aus Propädeutik-Literatur Theorie und Modelle unreflektiert zusam-

---

[53] Vgl. Rossig/Prätsch 2008, S. 85 ff.; ähnlich Bänsch/Alewell 2009, S. 69 ff. und Stickel-Wolf/Wolf 2009, S. 200 ff.

menzufassen. Überlange Theorieteile, aus denen nicht hervorgeht, was hiervon konkret zur Lösung des spezifischen Problems beiträgt, sind nicht zielführend: sie verschwenden knappen Platz, kommen nicht auf den „Punkt" und unterstützen nicht die geforderte klare Argumentation. Das Ziel der Arbeit ist nicht, „aus zehn Lehrbüchern, ein elftes zu schreiben", sondern einen geeigneten Theorie-Praxis-Bezug herzustellen, indem *relevante* Theorie identifiziert und die Literatur *problemadäquat* ausgewertet wird.

Der **Schlussteil** fasst wesentliche Ergebnisse zusammen und rundet die Arbeit ab. Es können Gedanken der Einleitung wieder aufgegriffen bzw. komplettiert, es kann aber auch ein Rückblick oder Ausblick aufgezeigt werden.

Der **Aufbau** der Seminar- bzw. Bachelorarbeit ist konzeptionell wie folgt ausrichten:

Ist-Analyse	Schwachstellenanalyse	Sollkonzept

Die Zweckmäßigkeit dieser Konzeption ist unmittelbar für im Unternehmen erstellte (Praxis-)Arbeiten ersichtlich. Ein solcher Aufbau erweist sich aber auch für eine systematische Abarbeitung von theoretischen Themen als vorteilhaft.

- **Praxisarbeit:** Aus der Analyse des Istzustandes des Praxispartners folgt i.d.R., dass vor dem Hintergrund des Untersuchungsobjektes ein Defizit („Schwachstelle") erkennbar wird, wodurch sich zugleich die Themenstellung bzw. das Interesse des Praxisbetriebes an der Arbeit begründet. Ausgehend vom Istzustand und den ausgemachten Schwachstellen ist anschließend ein Sollkonzept zu entwickeln, das die relevanten Empfehlungen der BWL zu diesem Thema aufgreift. Das Sollkonzept basiert auf einem theoretischen Grundgerüst, das nun zweckdienlich für die Anwendungssituation genutzt wird (unternehmensspezifischer Lösungsvorschlag).

- **Theoriearbeit:** Bei Theoriearbeiten ist analog vorzugehen. Lautet das Thema z.B. „Controlling in der mittelständischen Metallverarbeitung" sind zunächst anhand der Literatur der Istzustand (z.B. typischer Umgang mit Controlling im Mittelstand) sowie damit einhergehende Schwachstellen herauszuarbeiten. Das Sollkonzept ergibt sich dann z.B. aus der Entwicklung einer für den Mittelstand geeigneten Controllingkonzeption und der Darstellung eines branchenadäquaten Einsatzes an Controllinginstrumenten.

Werden Seminar- und Bachelorarbeiten bei demselben Betreuer angefertigt, *könnte* die Seminararbeit auch so angelegt sein, dass sie zu einer wissenschaftlichen Problemstellung die Grundlagenarbeit leistet, die in der Bachelorarbeit ausgebaut, vertieft und verfeinert wird.

7 Bewertung wissenschaftlicher Arbeiten

Eine allgemeingültige Richtlinie, auf welchen Kriterien die Beurteilung wissenschaftlicher Arbeiten beruht, existiert nicht. Prüfer haben vielmehr unterschiedliche Kriterien und Maßstäbe zur Bewertung der von ihnen betreuten wissenschaftlichen Arbeiten. Dementsprechend ist der nachfolgend vorgestellte Katalog von Beurteilungskriterien lediglich einer von zahlreichen Alternativen. Er kann auch keinesfalls als vollständig gelten, bildet aber nach der Erfahrung des Autors einige wesentliche Kriterien ab, an denen sich die Gutachter betriebswirtschaftlicher, praxisorientierter Arbeiten regelmäßig orientieren. Auf die Angabe von Gewichtungen wird hier verzichtet, weil auch diese in der Bewertungspraxis je nach Dozent und Lehrstuhl unterschiedlich ausfallen.

- **Problemdarstellung und –strukturierung**

  - Handelt es sich um ein praxisnahes Problem?
  - Stammt das Problem aus einem betriebswirtschaftlichen Anwendungsbereich?
  - Wird das Problem mittels betriebswirtschaftlicher Theorie *erfasst, dargestellt, gelöst* und *beurteilt*?
  - Wird das Problem konkret bzw. typisierend für eine praxisnahe Anwendungssituation *erfasst, dargestellt, gelöst* und *beurteilt*?

- **Information**

  - *Information über Ist-Zustände:* Werden ausreichend Informationen über Branche, Unternehmen, Organisation, Abteilung/Projekt und deren Rahmenbedingungen gegeben? Erfolgt eine Ist-Analyse des Problembereichs? Werden Schwachstellen systematisch herausgearbeitet? Ergibt sich hieraus konsequent der Hintergrund bzw. die Veranlassung der Themenstellung?
  - *Information über relevante Empfehlungen der BWL:* Werden Hinweise und Empfehlungen der BWL zur Problemlösung gesehen und aufgegriffen (Nutzung relevanter Theoriefelder)?
  - *Informationen über Soll-Konzept*: Wird die Theorie zweckdienlich angewendet, d.h. werden Handlungsmöglichkeiten für die konkrete Situation aufgezeigt? Werden Muss- und Wunschziele diskutiert? Wird ein Lösungskonzept mit Vorgehensplan erarbeitet? Werden Alternativen aufgezeigt, Chancen und Risiken benannt und ggf. Lösungsvorschläge zielorientiert im Sinne einer Nutzen-/Kosten-Analyse bewertet?

- **Systematik**

    - Ist die Gliederung problemadäquat, d.h. auf das Untersuchungsziel ausgerichtet, und in sich stimmig?
    - Werden die problembezogenen Begriffe definiert, abgegrenzt und in der Arbeit einheitlich verwendet; werden sinnvolle Schwerpunkte gesetzt?
    - Ist die Bearbeitung systematisch und folgerichtig aufgebaut; ist eine zielgerichtete Gedankenführung durchgängig erkennbar („roter Faden"); löst das Sollkonzept tatsächlich eine zuvor herausgestellte Schwachstelle?
    - Ist die Vorgehensweise bei der Problemlösung
        - deskriptiv,
        - deskriptiv und methodisch,
        - deskriptiv, methodisch und argumentativ?

- **Diktion und Präsentation**

    - Wurde der vorgesehene Umfang der Arbeit eingehalten bzw. sind Abweichungen hiervon angemessen?
    - Sind Werk-, Seiten- und Schriftgestaltung ordentlich? Enthält die Arbeit die notwendigen Verzeichnisse? Stimmen die zitierten Quellen mit den Angaben im Literaturverzeichnis überein?
    - Werden komplexe Sachverhalte unter Zuhilfenahme von Darstellungen (Abbildungen und Tabellen) erläutert?
    - Liegen Mängel hinsichtlich der Einhaltung von Sprachregeln vor (Rechtschreibung, Interpunktion, Grammatik)? Wird die Sprache dem Anforderungsniveau einer wissenschaftlichen Arbeit gerecht (Stil, sprachlicher Ausdruck, Fachsprachennutzung)?
    - Wird für die Problembearbeitung und -lösung relevante Literatur hinzugezogen (Quellen*auswahl*) und angemessen ausgewertet (Quellen*auswertung*)?
    - Wird die erarbeitete Lösung verständlich dargestellt und dokumentiert?
    - Werden genutzte Quellen den richtigen Stellen/Passagen zugewiesen (Quellen*zuordnung*)? Ist die Zitierweise einheitlich und entspricht sie den Vorgaben?

Literaturverzeichnis

Bänsch, A./Alewell, D. (2009): Wissenschaftliches Arbeiten. 10. Auflage, München.

Becker, F.G. (2004): Anleitung zum wissenschaftlichen Arbeiten. Wegweiser zur Anfertigung von Haus- und Diplomarbeiten, 3. Auflage, Köln.

Beneke, F. u.a. (2009): Wissenschaftliches Schreiben, in: Stock, S. u.a. (Hrsg.), Erfolg bei Studienarbeiten, Referaten und Prüfungen. Alles, was Studierende wissen sollten, Berlin/Heidelberg, S. 73-97.

Disterer, G. (2009): Studienarbeiten schreiben. Seminar-, Bachelor-, Master- und Diplomarbeiten in den Wirtschaftswissenschaften, 5. Auflage, Berlin/Heidelberg.

Ebster, C./Stalzer, L. (2008): Wissenschaftliches Arbeiten für Wirtschafts- und Sozialwissenschaftler, 3. Auflage, Wien.

Eco, U. (2005): Wie man eine wissenschaftliche Abschlußarbeit schreibt, 11. Auflage, Heidelberg.

Esselborn-Krumbiegel, H. (2008): Von der Idee zum Text. Eine Anleitung zum wissenschaftlichen Schreiben, 3. Auflage, Paderborn u.a.

Franck, N./Stary, J. (2009): Die Technik wissenschaftlichen Arbeitens, 15. Auflage, Paderborn u.a..

Gerhards, G. (1995): Seminar-, Diplom- und Doktorarbeit. Muster und Empfehlungen zur Gestaltung von rechts- und wirtschaftswissenschaftlichen Prüfungsarbeiten, 8. Auflage, Stuttgart/Wien.

Grunwald, K./Spitta, J. (2008): Wissenschaftliches Arbeiten. Grundlagen zu Herangehensweisen, Darstellungsformen und Regeln, 7. Auflage, Frankfurt a.M.

Heister, W./Weßler-Poßberg, D. (2007): Studieren mit Erfolg: Wissenschaftliches Arbeiten für Wirtschaftswissenschaftler, Stuttgart.

Karmasin, M./Ribing, R. (2009): Die Gestaltung wissenschaftlicher Arbeiten. Ein Leitfaden für Seminararbeiten, Bachelor-, Master und Magisterarbeiten, Diplomarbeiten und Dissertationen, 4. Auflage, Wien.

Kornmeier, M. (2010): Wissenschaftlich schreiben leicht gemacht - für Bachelor, Master und Dissertation, 3. Auflage, Bern/Stuttgart/Wien.

Krämer, W. (2009): Wie schreibe ich eine Seminar- oder Examensarbeit?, 3. Auflage, Frankfurt a.M./New York.

Krämer, W. (1999): Wie schreibe ich eine Seminar- oder Examensarbeit?, 2. Auflage, Frankfurt a.M./New York.

Kricsfalussy, A. (1994): Format und Inhalt. Schnellkurs zur Anfertigung wirtschaftswissenschaftlicher Arbeiten, 2. Auflage, Köln.

Peterßen, W.H. (1999): Wissenschaftliche(s) Arbeiten. Eine Einführung für Schule und Studium, 6. Auflage, München u.a.

Preißner, A. (1998): Wissenschaftliches Arbeiten, 2. Auflage, München/Wien.

Rößl, D. (2008): Hinweise zur formalen Gestaltung, in: derselbe (Hrsg.), Die Diplomarbeit in der Betriebswirtschaftslehre. Ein Leitfaden zur Erstellung einer Laureatsarbeit, Bachelorarbeit, Diplomarbeit, Masterarbeit, Dissertation, 4. Auflage, Wien, S. 138-174.

Rossig, W.E., Prätsch, J. (2008): Wissenschaftliches Arbeiten. Leitfaden für Haus- und Seminararbeiten, Bachelor- und Masterthesis, Diplom- und Magisterarbeiten, Dissertationen, 7. Auflage, Hamburg.

Scheld, G.A. (2008): Anleitung zur Anfertigung von Praktukums-, Seminar- und Diplomarbeiten sowie Bachelor- und Masterarbeiten, 7. Auflage, Büren.

Schenk, H.-O. (2005): Die Examensarbeit. Ein Leitfaden für Wirtschafts- und Sozialwissenschaftler, Göttingen.

Sesink, W. (2010): Einführung in das wissenschaftliche Arbeiten – mit Internet, Textverarbeitung, Präsentation, E-Learning, Web2.0, 8. Auflage, München.

Standop, E./Meyer, M. (2008): Die Form der wissenschaftlichen Arbeit. Grundlagen, Technik und Praxis für Schule, Studium und Beruf, 18. Auflage, Wiebelsheim.

Stickel-Wolf, C./Wolf, J. (2009): Wissenschaftliches Arbeiten und Lerntechniken. Erfolgreich studieren – gewusst wie!, 5. Auflage, Wiesbaden.

Theisen, M.R. (2008): Wissenschaftliches Arbeiten. Technik – Methodik – Form, 14. Auflage, München.

Watzka, K. (2007): Anfertigung und Präsentation von Seminar-, Bachelor-, Diplom- und Masterarbeiten. Klärungen, Tipps und Fehlervermeidung, 3. Auflage, Büren.

Stichwortverzeichnis